# 學校行銷策略管理

何宣甫 著

五南圖書出版公司 印行

# 自　序

　　受到近年來教育市場化潮流的影響，以及出生率大幅降低的衝擊，使學校招生越來越困難，競爭也就越來越激烈。教育行銷，這個出現還不是很久，發展也還不是很成熟的理論，在這超級競爭的時代中，很快的就竄升成為時下最夯的教育課題。但是，從傳統教育體系一路走來的學校成員對「行銷」這門學問卻多半還是一知半解，也因此，當真正面對行銷時，常會感到無所適從，不知該如何下手。結果許多所謂的「行銷活動」，根本違反了行銷的基本原則，不但造成被行銷者的困擾，甚至損害了學生的權益和學校長期經營的校譽。

　　本書以學校行銷策略管理為名，其主要內容自然是以學校行銷為主。但是由於學校行銷成為熱門的學科也不過是近十幾二十年的事，因此許多的理論是借用產業界或商業界的行銷理論發展出來的。本書各章節在探討學校行銷策略時，都會以最簡潔的方式論述各種行銷理論在產業及商業界發展與應用的情形，以幫助讀者了解學校行銷策略理論的發展脈絡，並能據以比較學校行銷與產業和商業界行銷的異同。本

書除了一般理論外，更重視學校行銷策略管理的實務層面，以期能真正帶給學校成員在發展學校行銷策略時最大的幫助。

　　本書的完成必須感謝撰寫過程中所有請益過的教育先進，更要感謝這些年來嘉義大學國民教育研究所和教育行政與政策發展研究所的學生，以他們豐富的實務經驗提供了許多關於學校行銷策略的寶貴意見。最後，書中內容雖已力求正確完整，但仍難免疏漏之處，企盼讀者不吝指正。

# 目 錄

# 第 1 章

## 什麼是學校行銷

近年來隨著學生人數不斷的減少，以及教育市場化潮流的衝擊，使學校招生越來越困難、競爭越來越激烈。一時之間各種「拉家長」、「搶學生」的手段紛紛出籠，而對於那些地處重疊學區或瀕臨被整併的學校，其招生更是無所不用其極，除了登門拜訪外，甚至必須送禮砸錢。

教育行銷，這個出現還不是很久，發展也還不是很成熟的學科，在超級競爭的時代下，很快的就竄升成為時下最夯的學科，而「行銷」一詞更躍升為教育流行用語排行榜的冠軍，幾乎所有教育工作者都能朗朗上口，好像不把「教育行銷」或「學校行銷」掛在嘴邊就落伍了。

但是，從傳統教育體系一路走來的學校成員，對「行銷」這門學問卻多半還是一知半解。也因此，當他們真正面對行銷時，往往無所適從，不知該如何下手。結果是許多盜版或山寨版的行銷手段喧賓奪主，成了行銷的主流，非但未帶給學校應有的好處，甚至還可能損害學校長久辛苦經營而累積下來的校譽，更不時造成學校間的衝突。行銷，也就從萬民所仰的教育顯學，直接被貶抑為人人喊打的過街老鼠。因此，在本書一開始，就要先為學校行銷來擊鼓伸冤、還它清白。

# 第一節　蒙受不白之冤的學校行銷

一位剛上任不久的校長忿忿不平的說：「隔壁學校又在動員老師到學生家裡去招生了，這些傢伙一定會講我們的壞話，我也要來找一些他們的弱點攻擊他們。」

某個學校老師抱怨說：「到學生家裡進行招生工作就好像是乞

丐在求人家來唸書一樣！要我們這麼高尚的教育工作者去做這麼低聲下氣的工作，真是羞死人了！以後要我怎麼面對學生呢？無論如何我都不要去招生。」

一位學生家長以最肯定的語氣說道：「那些出來招生的學校一定是品質不好才需要這樣做，我這麼冰雪聰明，才不會相信他們騙人的廣告宣傳呢！他們敢來我家招生，就把他們都轟出去。」

一位社會善心人士氣呼呼的談論著：「那些出來做行銷的學校全是唯利是圖的學店，就知道狗咬狗的互相爭奪學生，都是這些傢伙把教育搞得烏煙瘴氣。」

請不要認為以上是我胡思亂想胡謅出來的胡言亂語，因為現實生活中真的就有不少人是抱持著這樣的想法。或許是你身邊的人，甚至是你自己，也曾經這樣誤解過學校行銷，總認為行銷就是暗箭傷人、是搖尾乞憐、是金玉其外敗絮其中、是勾心鬥角、是強搶豪奪。但是，這實在是天大的冤枉啊！因為剛剛各路人馬所說的話，或許在現實生活中大家都曾碰到過，但請務必注意，他們所罵的其實是盜版或山寨版的學校行銷，正版有掛牌的學校行銷可絕非這般的惡形惡狀。

就先來看看那位殺氣騰騰、決心要衝鋒陷陣的校長吧！如果學校行銷就是惡性競爭，就是要去說別人的壞話，那麼我今天說了你的壞話，你明天聽到了以後也一定會報復，會說我的壞話。結果越演越烈、越罵越起勁，再加上一些崇尚八卦的家長、水果日報或數字週刊的推波助瀾，很快的就會讓學生家長認為這兩所學校都很糟糕。當然原本想要選擇這兩所學校就讀的學生，也一定會避之唯恐不及，反而讓其他學校漁翁得利，最後招生最慘的就是這兩所鬥到兩敗俱傷的學校。也因此，現在許多對行銷有豐富經驗的學校，在招生期間都會三令五申的約束其成員在進行行銷活動時，盡量多說

自己的好話，千萬不要去說別人的壞話。

至於學校老師認為招生是卑微的工作似乎也沒什麼道理。因為如果我們確認自己的學校品質很好，那進行招生工作不但不會是哀求或乞討，反而是在做好事、做功德。因為如果這些學生沒有得到我們的解說，而在缺乏資訊的情況下，選擇了一所品質很差的學校，那麼他們將會因此繳交一樣的學費卻得到比較差的教育品質，這是多麼的可惜與不公平。因此，老師到學生家中去對家長進行解說，只要是心中確認自己學校有較好的品質，只要是不說謊，針對好的部分行銷，其實都是在做好事，是在幫助學生及家長面對這麼許多良莠不齊的學校時，能有更豐富的資訊去選擇最適合的學校。

當然，我也了解有些教師拉不下那張老臉去招生是因為怕被拒絕，接著怕被拒絕後又被宣傳出去，更怕被宣傳出去後又遭到添油加醋的抹黑嘲諷。大約二十年前家裡要辦幼稚園時，我就曾經挨家挨戶去發傳單，並且，還被轟出來過。當時的滋味真的不好受，挺生氣的，更想要放棄。但是後來仔細檢討，我們新辦的幼稚園是當時品質最好的，不但占地廣闊、設備新穎，更有超高素質的教師做後盾，而我宣傳時也都客客氣氣的沒犯什麼錯，被粗魯的拒絕是對方修養不夠，我實在不需要因為對方的錯誤來打擊自己。第二天我就又笑嘻嘻的隨著校車去做宣傳了。

是不是只有那些有問題的爛學校才會去做行銷呢？當然不是這樣。請看看美國知名學府如哈佛大學、普林斯頓大學以及哥倫比亞大學等一流教育機構，還是要戰戰兢兢的進行招生活動就可以明白了。雖然這些頂尖的教育學府不用擔心招不到學生，但他們還是積極的去辦理各種招生活動，一方面固然是要防止其他大學以各種行銷方法把好學生都拉走，另一方面也希望能有更多頂尖的學生來學校報名，畢竟從比較多的報名者當中，會有更多的機會選擇到最好

的學生。此外，更有許多學校做宣傳是因為他們的品質真的很好，但名聲一直都不是很響亮。例如美國的達特矛斯學院（Dartmouth College），雖然只是一所學院而不是大學，以及布（伯）朗大學（Brown University），雖然名字聽起來好像是在賣咖啡的，但是這兩所學校可都是美國境內頂尖的大學，與哈佛、耶魯、普林斯頓、哥倫比亞、康乃爾、及賓州大學等其他六所歷史名校同為長春藤盟校。他們做行銷只是想要讓大家進一步了解他們的優點和長處，可絕不是什麼爛學校要來騙您的小孩去唸喔！因此，千萬拜託，以後如果北一女、建中或台灣大學的老師到您府上招生時，可千萬別固執的秉持「來行銷的學校都是問題學校」這要不得的觀念，就連問都不問、二話不說的把人家都轟走。

最後，社會亂象的責任更不應該歸罪於學校行銷。不容否認的，學校行銷活動會導致學校間激烈的競爭，但是競爭並不一定就是你死我活的零和賽局，或是完全失去理性的割喉戰，在大部分的情況下，競爭反而是進步的原動力。有競爭才容易使學校重視消費者或學生的需要，努力去改進現有產品的品質，其結果對學校、學生、家長、甚至是社會都是有利的。美國經濟學家 Tudd G. Buchholz 就曾從經濟面來分析行銷活動的結果，他明白的指出所有企業都會給予人愛競爭的假象，但是他們骨子裡根本不喜歡競爭，他們真正喜歡的卻是與競爭完全相反的聯合壟斷。事實上，我們根本不用怕企業之間彼此競爭，因為競爭的結果對社會及消費者通常都是有利的，我們反而要擔心他們聯合起來對付消費者（吳四明譯，2002）。

況且，學校之間除了競爭之外，也常會有合作的需要，因此在競爭時通常也會自我節制以確保不會將彼此的關係搞到無法收拾的地步。例如，雖然許多私立學校在招生時彼此激烈競爭，但是在遇

到對整體私校生存有致命影響的政府學費限制政策或補助短少時，也會彼此合作、集體行動，以影響政府的決策。事實上，大部分私立學校從事行銷活動也已經幾十年了，這些學校在這幾十年間已培養出許多的競爭默契，例如：當發現別的學校老師在某一位學生家中進行招生拜訪時，就算本校老師表定是要去這家拜訪的，通常也會先行迴避，等對方走了以後再去做行銷，盡量避免正面衝突。

雖然社會上對教育行銷多少都還存有疑慮，但是這些疑慮很多是源自於社會上隨處可見的山寨版教育行銷所引發的反感。至少我們知道正版的教育行銷絕不是一些誇大的廣告和宣傳，不是搖尾乞憐的工作、不是你死我活的割喉戰、更不是社會秩序的麻煩製造者或問題學校以假亂真的高明偽裝。那麼到底學校行銷是什麼呢？請聽下節分解。


# 第二節　學校行銷的定義

我在指導學生撰寫行銷論文時，常會為他們所引用的行銷定義而苦惱不已。大部分的學生喜歡引用一大堆閒雜人等對行銷所下的定義，但是這些定義通常是抄來抄去、大同小異。更糟糕的是，在引用千百個奇怪的定義後，他們還會從石頭中蹦出一段與前面定義完全不相干的定義來做結論。或許對他們來講，引用越多前人的話就更能顯示出他們唸了很多的書。真是如此，那我大可以把我所看過的幾百本行銷書籍裡的定義都引用上來，乾脆就出一本名叫「行銷定義總整理」的書好了，保證要寫論文的善男信女買回家頂禮膜拜後就立刻可以引用，更保證誰看了這本書後都能以最快的速度進入夢鄉。

　　事實上，為行銷所下的定義，必須要能將行銷的內涵以最簡潔的方式清楚的表達出來，並且最好能有一定的權威性或普遍性，可以讓讀者有共同討論的基礎。因此，一個可靠而簡明的定義會比千百個抄來抄去的定義更有價值。此外，由於教育行銷或學校行銷是近年來教育界學習商業界的行銷所演化出來的學問，因此，要對教育行銷下定義前，總必須飲水思源的先對商業界的「行銷」有所了解。在此我將引用美國行銷協會（American Marketing Association, AMA）的定義來討論什麼是正版的行銷。

　　我之所以選上美國行銷協會的定義，絕不是看不起 Philip Kotler 或 Seth Godin 等行銷大師的定義，事實上我對這些大師也都是景仰不已的，是個十足的超級粉絲。但是由於美國行銷協會自 1935 年為行銷下了定義之後，每年都會針對當時行銷的最新觀念檢討其定義的適切性，因此探討美國行銷協會定義的演進，不但能對行銷的內涵有所了解，更能探究近八十年來行銷觀念的演進情形。

　　美國行銷協會早在 1935 年行銷學剛開始形成時便對行銷下了定義，當時的定義是：「行銷是將物品和服務從生產者傳遞到消費者的商業行為（Marketing is the performance of business activities that direct the flow of goods and services from producers to customers）」。這一個簡單的定義道出了當時行銷的主體是生產者，而行銷活動最重視的便是如何有效的將所生產出來的產品和服務「傳遞」給消費者。雖然從 1935 年後的五十年間，美國行銷協會也曾一再的檢視這個定義的適用性，並且有好幾次想要修改這個定義，但是最後還是認為這個定義最合乎當時行銷學的概念和實況而加以保留。

　　1980 年代是行銷學突飛猛進的時代，各種新的行銷觀念不斷的衝擊美國行銷協會的定義，於是在 1985 年的時候，美國行銷協

會決定將行銷的定義改為：行銷是規劃和執行對於理念、物品、和服務的構思、定價、推廣以及配銷，以創造出能滿足個人和組織目標的交換歷程（Marketing is the process of planning and executing the conception, pricing, promotion, and distribution of ideas, goods, and services to create exchanges that satisfy individual and organizational objectives）。這時期的定義和 1935 年比較起來更重視管理者在所謂行銷 4P 的責任（產品、定價、通路、推廣），將當時所認為的行銷最重要的四種策略融入行銷定義中。此外，這個定義更強調行銷不只是要滿足企業組織的利益，而且在交換的過程中還必須同時滿足顧客和組織兩方面的需要，充分體現出 80 年代以後漸漸受到各方重視的「以雙方互利為根基的生意才能做得長長久久」的觀念，以及從「消費者請注意」到「請注意消費者」，以顧客行為和利益為行銷中心思考的風潮。

其後因為行銷學越來越受重視，而企業組織進行的行銷活動也跟著越來越複雜。為了因應此一新的行銷趨勢，美國行銷協會在 2004 年時又將行銷的定義調整為：行銷是創造、溝通、並傳達價值給顧客以及管理顧客關係以增進組織和其利害關係人利益的一套組織功能和過程（Marketing is an organizational function and a set of processes for creating, communicating and delivering value to customers and for managing customer relationships in ways that benefit the organization and its stakeholders）。這個時期的定義和 1985 年的定義最大的不同點，在於此定義更強調以單一企業組織的行銷活動來界定行銷。因此特別聚焦於單一企業組織中的行銷體系及其工作內容，它包含了各種產品的創新、組織與外界或內部的溝通，以及顧客長久公共關係的建立，而其目的則是要增進單一企業以及所有利害關係人的利益，但是這個以單一企業組織為基礎的定

義在公布後卻受到來自各方不同程度的批評。

　　首先這個定義過度重視單一企業組織的行銷活動，而未能將眼光放大到越來越趨複雜的社會行銷環境中。其次，這個定義也輕忽了組織行銷體系與顧客間的互動關係或交換歷程，過度強調組織的功能，卻沒有指出現實社會中行銷必須以顧客利益為根基的普遍觀點，更沒有論及行銷其實是一種組織與顧客間的交換歷程這個重要的行銷本質。最後，這個定義也未能反映出 2000 年以後普羅大眾特別重視的組織行銷的社會責任。

　　由於 2004 年的定義引起不小的爭議，於是在短短三年後，美國行銷協會又於 2007 年發表了另一個修正後的定義：行銷是創造、溝通、傳遞、和交換對顧客、夥伴、和社會具有價值的供應品的一種活動、機構功能、和過程（Marketing is the activity, set of institutions, and processes for creating, communicating, delivering, and exchanging offerings that have value for customers, clients, partners, and society at large）。這個定義是由美國行銷協會結合世界上行銷領域專家所組成的定義制定小組所發展出來的，然後經由 3000 多位美國行銷協會成員所提供的意見修正而來。

　　這個定義闡明了行銷應該是一整套的機構制度和規劃。企業要做好行銷必須是整個企業都要能以行銷為中心思想來進行組織規劃，這個規劃必須要統整所有部門的資源和能力，而不只是企業裡特定部門單打獨鬥就可以成功的。

　　其次，行銷工作包含了創新、溝通、傳遞、和交換。好的行銷植基於優質的創新產品，而產品的創新活動必須藉由良好的溝通來了解顧客的取向以創造出更符合顧客需求的產品，並適當的告知顧客此優質產品的存在。接著更需要設計完善的通路將產品以最有效率的方式傳遞給顧客，並制定出最適當的產品價格以期能順利的與

顧客完成價值交換的行銷活動。

　　所謂的價值交換在這裡指的是顧客和企業間的關係，是植基於一種交換的關係。企業組織所生產的產品或供應品必須要讓顧客覺得有價值，顧客才願意來購買。而顧客在購買的同時，也必須付給企業組織認為有價值的物品或錢財，如此才能順利的達成交換活動。任何一方所提供自認為非常有價值的產品或供應品，如果不被對方所認同，則交易就很難順利完成。

　　此外，值得一提的是 2007 年的定義也延續了 2004 年的定義，將 1985 年定義中的推廣（promotion）改為溝通（communication）。企業以往都是埋頭生產自認為不錯的產品，然後才以推廣的手法告知消費者，但是卻常常因為企業與消費者的認知不同，造成企業老王賣瓜，消費者卻冷眼旁觀的尷尬景象。現在則強調要以雙向溝通來了解顧客或消費者最需要什麼，以及最想要得到什麼，然後再依消費者回饋的資訊去進行產品的創新及改良。

　　最後，2007 年的定義更指出了近年來非常強調的行銷社會責任。行銷學在幾十年前剛萌芽時，其著眼點是如何透過行銷來增進企業組織的利益，然後漸漸的轉變成必需同時兼顧組織與顧客的利益，如此才能將買賣做得長遠。後來更進一步的主張行銷應該要以顧客的利益為優先考量，從滿足顧客的需求來增進行銷的成效。最近幾年，除了繼續強調以顧客利益為優先的行銷理念外，更進一步的將焦點擴展到交易的外部效果（external effect），認為任何的交易不能只是注重到買賣雙方的利益，更要注意到雙方的交易是否也能有利於整個社會，或至少不要造成社會的負擔。例如某工廠沒有進行汙水處理，因此省下一些成本，工廠也將此省下的成本反映在售價上，用比較低的價錢來回饋顧客。雖然這對工廠和顧客雙方都有利，但是其汙染卻造成整個社會的負擔。這在以往不重視企業行

銷社會責任的時代，似乎是理所當然的事。但是近年來在各方強調
社會責任的行銷環境中，企業則可能因此葬送商譽或引起社會的反
彈（抗議、拒買或罰款等等），而造成組織長期的重大損失。因此，
在 2007 年最新的定義中，特別加入了社會利益這個新概念。

　　看了以上行銷的定義以及對定義的解釋，相信讀者對行銷已經
有初步的認識了。而本書的主題「學校行銷」呢？到目前為止，國
際上並沒有一個足夠權威的單位，為「學校行銷」下定義並且持續
的檢討修正。所以筆者以多年來對學校行銷研究的結果，再參考以
上所舉的企業行銷定義，將「學校行銷」定義為：

　　「學校行銷是由學校運用各種環境分析及策略組合來順利
　　達成對交易雙方具有價值的產品交換過程，以滿足學校、
　　學生、家長、以及整體社會的利益。」

當然，聰明的讀者一眼就可以看出來這個定義與美國行銷協會對行
銷所下的定義非常相近，畢竟學校行銷的理論基礎幾乎都是由企業
行銷的理論借用而來，因此其基本的立論並沒有很大的差異。進一
步將這個定義分解說明如下：

　　學校行銷的主體是各級學校組織，這主要是指公立和私立的研
究所、大學、中小學、以及幼稚園等等的學校機構。

　　學校行銷的基礎在於對市場環境的了解，而所謂的市場環境則
包含學校內外部的競爭和威脅、主要競爭對手的競爭態勢、以及顧
客或消費者行為分析。唯有植基於對這三種環境分析結果所制定的
行銷策略才不至於淪為紙上談兵，並應隨時注意環境的變化適時加
以調整，使各種策略能有效的落實。

　　有了對環境足夠的了解後，行銷的主要工作還是在於策略的發

展和實行。學校可經由對市場的了解將市場進行區隔,然後鎖定對學校最有利的區隔市場進行定位,再以各種行銷策略組合如產品創新、價格制定、通路設定、推廣活動以及內部行銷等等來實現理想的定位或進行重新定位,以確實發揮行銷的最大功效。

最後,學校行銷的本質亦是一種價值的交換。必須透過提供給學生、家長、和社會有價值的供應品來吸引顧客的青睞,並以獲得顧客的支持來提振行銷的效果。

# 第三節　學校行銷與企業行銷的差別

既然學校行銷的理論幾乎都是來自於企業行銷,那學校何不就直接採用企業行銷的理論和作法就好了啊!何必多此一舉的去創造一個學校行銷呢?雖然以上的論述聽起來言之成理,但是我可是要反對到底的。最主要的理由並不是擔心主攻學校行銷的學者從此丟了飯碗,而是因為學校行銷和企業行銷雖然在基本原理上是大同小異,但在實際執行的細目上卻還是存在著如下許多的差異:

## 1. 行銷產品特性不同

一般產業的產品是有形的產品,而學校的產品卻是無形的,是那些「掉下去也不會砸傷腳的產品」。Keegan, Moriarty, and Duncan(1992)就明白指出這些不會砸傷腳的產品有無形性、參與性、不可分割性、變異性、以及易逝性等五種和實體產品完全不同的特性,也因此需要有與企業產品完全不一樣的行銷策略才能奏效(關於教育產品的五個特性在下一節中有更詳細的解說)。

### 2. 行銷的目的不同

　　一般企業進行行銷通常是為了獲得金錢上的利益。但是學校進行行銷，除了是為了獲得金錢的利益以延續生存外，更重要的卻是要教導學生，並增進社會公益。也正因為目的不同，商業界大可以高喊「顧客永遠是對的」，盡可能投顧客之所好，透過給予顧客無上的尊榮以換取數不盡的鈔票。但是學生行為有了偏差或是不用功讀書，學校卻不能為了繼續賺取學生的錢而告訴學生「只要你喜歡，有什麼不可以」。相反的，如果發現學生有偏差或怠惰的行為，就算會惹惱顧客也應該要給予適度的矯正，然後再透過觀念溝通與輔導，告訴家長及學生矯正的目的。

### 3. 行銷的規範不同

　　一般企業的行銷只要是合法的，通常就可放手去進行行銷，而社會上對企業行銷也多半視為理所當然。但是社會大眾對教育機構就沒有這麼寬容了。首先政府通常對於各級學校都會給予許多「關愛的眼神」，使學校在行銷時都戒慎恐懼，深怕誤犯天威而受到各式的制裁。社會上對學校的要求更以放大鏡來檢視，學校的各種行事必須符合極高的道德水準，學校從事行銷時一不小心就可能招來社會大眾以「學店」、「快倒閉」等等不名譽的攻擊。

### 4. 行銷的執行者不同

　　企業行銷通常是由常設的單位來進行，並且每年會固定編列可觀的行銷預算以達到其行銷目的。當行銷的結果不如預期時，負責行銷的人員將受到不同程度的懲罰。此外，企業也經常透過各種專門的行銷服務機構來提振其行銷的結果。反觀學校的行銷活動就寒酸多了，不但只有單薄的行銷經費，真正進行行銷的人員更只是由

不熟悉行銷的校長帶頭，再請主任幫個忙，有時也可以拉上幾個較願意配合的老師共襄盛舉。當然，這樣的雜牌軍常常會讓行銷的效果打上好幾次的折扣。而且，除非是強勢的私立學校，否則學校也很難因為行銷結果不順利而要某些人負責，畢竟這些人只是義務兼差的行銷人員罷了。

### 5. 行銷的機制不同

企業的經營最主要是依著市場機制來策劃，因此企業會想盡辦法找出最適合的目標顧客群來進行行銷，更常以獲利極大化來發展訂價策略。但是教育機構在行銷的運作上卻不能完全依靠市場機制來發展行銷策略，例如在行銷對象上，企業可以鎖定利基最大的顧客進行行銷，而將利基較小的顧客排除在外。但是學校卻基於社會責任必須對所有學生一視同仁，要有教無類，不能將利基較小的顧客排除在外。此外，學校也不能完全以市場機制來調整學費，有時甚至必須虧本經營，以確保學生的權益。

### 6. 消費者的屬性不同

企業的主要顧客是企業以外的人群，但是學校的顧客卻非常複雜。首先學校產品的消費者和顧客通常不是同一人，因為消費的人（直接享受產品者）主要是學生，但是顧客（付錢的人）卻可能是政府或家長。此外，學生雖然是消費者和顧客，但是他們同時也是學校成員，與企業組織的顧客是企業組織以外的人群完全不同，這也造成學校在設計行銷策略時必須有更細密的考慮。

從以上所歸納出的六點差異可以清楚的發現，學校行銷確實與企業行銷有極大的差別，若要直接將企業行銷各種策略套用到學校來，無非是削足適履的行為。也因此，研究學校行銷的學者可以放

心了，不但不用怕丟了飯碗，甚且出路似乎還越來越廣。以美國為例，針對教育機構所創設的行銷顧問公司就如雨後春筍般的出現。而學校行銷自然也就獨立於企業行銷之外而成為熱門的學科。

# 第四節　教育產品的特性

學校是以服務學生為主，也因此雖然學校的產品與產業界有極大的差別，但是與服務業卻非常的相似。因此，這裡所謂學校產品的特性，其實並非與服務業產品比較而來，而是與產業界產品或工業產品的差異而決定的。Kotler（1986）曾指出服務業產品與工業產品比較起來有無形性（intangible）、變異性（variable）、易逝性（perishable）、以及不可分割性（inseparable）。Keegan, Moriarty, and Duncan（1992）除了呼應以上四種特性外，更強調顧客的參與性（involvement）。而 Lovelock and Wirtz（2007）也認為對服務產業來說，顧客的參與狀況會直接影響到顧客接受服務的品質，因此服務業在設計行銷策略時一定要將顧客的參與狀況列入考慮。基於以上的討論，本書將服務業產品的特性歸納為無形性、變異性、易逝性、不可分割性、以及參與性，接下來便以這五種服務業產品的特性來探討學校產品與工業產品的差異。

## 1. 無形性

工業產品是有形的，但是學校的教育卻是無形的。由於學校的產品不能像工業產品一樣的陳列在銷售架上，顧客無法靠他們的感官去看、去聽、去摸、去聞，因此對於產品的本質在購買前根本無從判斷好壞，必須等到親身經歷了以後才能斷定它的良莠。顧客在

購買這種無形產品前，通常會找一些有跡可循的線索（如學校家長或校友的經驗）來猜測產品可能的品質。也正因為如此，學校必須非常注意形象以及品牌管理，並儘可能以事蹟和口碑行銷來作為宣傳工具。

### 2. 變異性

工業產品是制式化的產品，因此我們大可在產品還未完成時就定好產品最後的樣式和功能，並以客觀的標準來決定製成品的好壞。而教育產品卻是需要經過顧客參與才能完成的，由於顧客有著不同的智力、個性、喜好、脾氣、社經背景，這些都不是學校可以控制的，所以學校最後的產品也會因人而異，使產品好壞的評量更為困難。也正因為如此，為了能適應每一個不同學生的投入，教師在教學上不但不能如企業界的制式化或標準化，學校更應該賦予教師更大的權利，使其面對隨時可能出現的學生個別情況做最適當的安排。

### 3. 易逝性

學校的產品不能儲存，它不像工業產品在淡季的時候可以儲存到倉庫裡，等到旺季的時候再拿出來賣。雖然教師可以在知識傳遞之前先行備課，但真正的知識傳遞卻無法先行實現，任何一個教師都不能在寒暑假時對著空蕩蕩的教室教授下學期的課程，然後期待學生在學期開始時便自動了解課程的內容。由於教育產品的易逝性，學校課程時間的安排就更顯得格外重要，學校必須盡可能選擇學生方便到校學習的時段來上課，例如研究所在職專班的課程就可以安排在晚上，或甚至安排在星期六或星期天，以方便國小教師能到學校來進修。此外，學校更應該把握教師與學生真正接觸的有限

時間內的教學效率。

### 4. 不可分割性

　　學校的教學品質與提供教學的教師是不可分割的。也由於有這種特性，學校教學很難像工業界那樣子可以使用機器大規模的生產出產品，每個產品都經過許多不同階段的操作員來完成，而消費者在購買時卻不太需要去考慮產品背後的操作員或製造者姓啥名誰，因為真正與消費者做最終接觸的是產品本身。但是以學校產品而言，知識和課程是學校的主要產品，可是決定教育產品品質的卻不只是知識和課程而已，更包含了由教師將知識傳遞給學生的過程，因此教師便成了與教育產品品質不可分割的一部分。換句話說，教師是整個產品的一部分，教師的臨場表現有很大的程度決了產品的品質，如果某一位招牌閃亮亮的名師，他授課那天正好得了重感冒又牙疼外加拉肚子，那麼那一天的教學品質必然是乏善可陳了。也因此，為了提升學校產品的品質，學校除了必須非常注意教師平時教學品質的提升以及其課堂教學過程的管理外，更重要的是要盡可能的滿足教師所需要的各種支持服務，才能提高整個教學產品的品質。

### 5. 參與性

　　工業產品的製造與顧客並沒有直接的關係，工廠生產產品不需要有顧客到工廠來參與生產工作，工業製成產品也一直要到進入市場後才開始與顧客有了第一次的接觸。但是學校的教育卻必須要有顧客的參與才能成功。學生不只是要花費精力到學校去上課，更要花費時間去聆聽教師的教學以及親自參與技能的實習。就算教師再有三頭六臂，當教師在學校教學時，如果沒有學生的參與就不會有

教學產品的產生。而個別學生的表現，更會影響到個別學生以及學校整體教育的品質，這是教育產品與企業產品另一個主要的差異。

# 第五節　學校行銷的功能

現在該來談談最現實的問題了，教育機構進行行銷到底可以有哪些好處呢？從行銷的觀點來看，如果實行學校行銷的好處或價值不夠高的話，那的確很難說服過慣安逸生活的學校成員，願意一頭栽進起伏不定、競爭激烈的教育行銷領域。

### 1. 增進對環境的了解

在學校行銷還未出現前，學校成員多半只注重學校內日復一日的教學事務，鮮少去關心所處環境的變化，因此他們很難跳出學校辦公室與教室的範圍去了解學校的整個生態系統。但是以行銷為導向的學校則要求所有成員必須對其招生區域，或甚至是更大的環境有一個整體的認識，而且不只是要認識眼前的環境，更須進一步推估將來所可能發生的環境變化。當教育市場競爭越來越激烈時，光是著重於校內既有的成就已經無法保有競爭優勢了，更重要的反而是要洞見環境中的各種機會和威脅，再配合學校本身的優勢，盡可能的抓住機會並且避開威脅。

### 2. 提高學校的教育品質

學校行銷主要的活動並非只有推廣和宣傳，更重要的是產品品質的提升，尤其是發展家長與學生最需要及最想要的特色課程，同時以高品質的產品來吸引更多顧客的認同及購買。

### 3. 招收到更多更好的學生

　　學校行銷可以提升學校各方面的功能，增加其對潛在以及現有家長及學生的價值，進而吸引更多的學生到學校來就讀。這不僅僅對在招生上原本就遇到瓶頸或辛苦競爭的學校有所幫助，對招生無虞的學校也可以增加候選學生的數目，並從中挑選更多優秀的學生來校就讀。

### 4. 爭取更多的資源

　　經由學校行銷所著重的對外宣傳及溝通，可以增進社區對學校的了解，並促進彼此的互動，進而提升學校的整體聲譽及知名度。更可進一步的藉由學校形象的提升，爭取社會以及上級單位更多資源的挹注。

### 5. 促進校內的團結

　　學校內部行銷的首要任務便在於加強教師服務的觀念，並增進全體成員對學校的認同。透過願景的闡述、溝通管道的暢通以及在職教育的實施，一方面鼓舞學校成員的士氣，增進教師的能力，一方面則透過招生時同舟共濟的團結合作，提高學校成員的凝聚力。

### 6. 開啟良性循環系統

　　好的學校行銷，不單單可以救亡圖存，更能因為其品質及形象的提升，而吸引更多更好的師資、學生、以及資源，從而造就下一波更好的學校形象，使學校在良性的循環體系下持續不斷的進步。

# 第六節　學校行銷的限制

　　雖然學校行銷有這麼多的好處，但是學校行銷也存在著許多比一般產業界或商業界行銷更大的限制，因此造成學校行銷至今仍然處於萌芽階段，相對於其他產業發展速度較為緩慢。

## 1. 學校目標不明確

　　所有的商業機構或組織都很清楚其主要生產的產品是什麼，如此才能集中其所有的力量朝發展此產品的方向不斷前進，而此產品也就成為企業生存的主要依據。雖然大部分人都同意教育機構的主要目的是傳授學生知識及技能，以使其將來能發揮最大的潛能並適應社會生活，但是教育機構（尤其是公立學校）事實上受到許多不同力量，如學生、家長、政府、社區人士等等來自於各方面的牽制或管理，況且這些勢力的主要要求不但常有差異，甚且相互排斥（例如政府大力推展本土化而要求所有學校增加本土教材，但家長卻深信國際化更為重要而要求減少本土課程並增加英語課程，而學生卻只希望能減少上課的時間），這也使教育機構很難如商業機構一樣明確定出某一個產品的主軸，並全力朝著這個產品的主軸去努力。

## 2. 缺乏客觀一致的成果評量標準

　　幾乎所有企業追求的主要目標就是要獲利，因此其行銷的成果很大的一部分可以由獲利多少來衡量，因此獲利的金額便成為最好的衡量指標。雖然他們也須注意到消費者在行銷過程中的利益，但對企業而言，重視消費者的利益其實也是為企業組織的長期獲利來著想。但是教育是非營利性質的，公立學校當然不能以營利為目

的，而國小以上的私立學校在台灣也多是非營利的財團法人，因此
獲利的金額絕非評量教育行銷成敗的標準。更由於學校大多只能訂
出一個含糊不清的教育目標，連帶的也使教育行銷成果的評量工作
變得更為困難。

### 3. 產品設計未必能呼應顧客需求

　　由於教育體系負有社會責任，因此不能如商業界一樣的特別強
調以滿足顧客需求作為行銷的基礎。學校教育常常會有社會目的凌
駕於顧客需求之上的現象，例如當某國小家長和學生都要求增加英
文課程，並減少其他道德性的教育課程以利於將來學生的升學時，
就算學校在技術上有能力調整這些課程，也會礙於教育法規與社會
的需要，而不能完全滿足顧客改變課程的要求。

### 4. 教育機構顧客的選擇性受到限制

　　大部分的企業機構對顧客並沒有太多的選擇性或限制，因此大
部分的顧客可以自由的選擇他們希望光顧的企業產品，而企業遇到
上門來的顧客也很少會有拒絕他們光臨的理由。但是教育機構的顧
客就沒這麼幸運了，戶籍在某學區裡的小朋友就只能選擇學區內的
學校，年齡不足的小朋友也不能隨意升上大學，成績不夠的學生也
進不了他們想進的學校，甚且在進入學校後，成績未達到一定程度
還有可能被踢出來。

### 5. 缺乏行銷經費

　　幾乎所有產業界或服務業的企業都會編列一定數額的行銷經
費，但是在教育單位這方面的經費就顯得比較拮据。尤其是公立學
校這方面的投資就相對少很多，使其在選擇行銷工具上受到極大的

限制。

### 6. 沒有適當的人力

雖然現在許多學校已經體認到行銷的重要性，但是還有不少的學校成員對行銷一知半解，很多時候更因為對行銷的不了解而站在反對的立場，這也相當程度阻礙了學校行銷的進行。公立學校尤其如此，由於公立學校一直以來都受到政府的保護，成員的危機意識非常有限，因此大部分的成員對行銷採取不合作或虛應故事的態度。加以公立學校在人員編制上受到政府嚴格的控管，因此很難成立行銷的專責單位，這也是學校發展行銷時的一大阻礙。

### 7. 教育機構整體行銷尚未受到認同

許多社會人士仍然認為教育機構進行行銷將會造成不必要的競爭，因而喪失教育應有的本質。尤其學校本來就是以服務社會為最終目標，因此學校行銷就更難獲得社會的認同。也正因為這個原因，雖然行銷在企業界已經是理所當然且攸關企業之生死存亡，但是對於教育行銷而言，來自社會上的質疑和批評還是未曾間斷過。

> 與其害怕行銷，不如善用行銷

# 第 2 章

市場環境分析

　　什麼是市場呢？ 上了年紀又一直住在鄉下的人一聽到市場這個名詞的時候，想到的通常會是一個攤位挨著一個攤位，叫賣著各種不同雞鴨魚肉、蔬果雜糧的傳統市場，昏暗的燈光映照在微濕的地板上，有時還可以看到幾隻可愛的小老鼠抱著頭驚慌失措的跑過。但是，對久居都市的人來說，他們想到的卻多半是燈光明亮、規劃整齊的超級市場，是排著隊不耐久候等著結帳的人龍。而對 E 世代的族群而言，市場卻是存在於電腦中的一個一個的網址，螢幕上光鮮亮麗的呈現出各種商品，按一下滑鼠就會彈出更精細的內容，就算宅在家裡也能進行交易。

　　沒錯，這些都是市場環境。但是，這些一般人心目中的市場環境卻不是我們這一章要討論的重點。其實，行銷中所謂市場環境大致可分為兩部分來討論，前面所描述的各種實體或虛擬的市場環境，通常被放在行銷通路策略中來探討，但在這一章中我們要討論的市場環境卻是在各種市場中不同成員與銷售因素錯綜複雜的互動和競爭態勢。行銷市場環境又可以簡單的分為組織外部環境和內部環境，而在外部環境方面，更可進一步的細分為產業外環境以及產業內環境兩種。

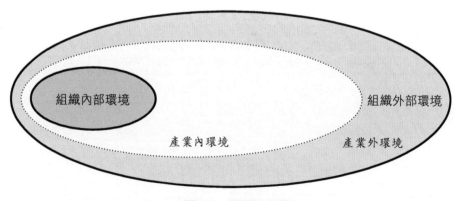

圖 2-1　環境分析圖

# 第一節　SWOT 分析

　　SWOT 是了解市場環境的一個重要方法。聽到 SWOT 時，很多中小學老師可能馬上要說，這個我們都會了啊！幾乎全國的中小學都要做 SWOT 分析的。的確，SWOT 這個名詞在學校成員間真是如雷貫耳了，尤其在台灣教育當局的大力推廣下更以破竹之勢席捲全台，大大小小的學校都要弄出一份 SWOT 分析表。但是我必須很不客氣的告訴大家，知道 SWOT 這個名詞並不等於知道要怎麼使用 SWOT 來進行行銷策略規劃，甚至許多學校所發展出來的 SWOT 分析表都是有問題的，對學校行銷而言更是很難有所幫助的。

　　請試著回答下面的問題吧！SWOT 分別代表哪些意義呢？應該包含哪些內容？應該由誰來主導最好？應該包含多少人來進行分析？多久要做一次分析？您所工作的機構內應該要有多少種的 SWOT 呢？如果您能馬上回答出以上的問題，那算是及格了。但是就算及格了，也並不代表你所做的分析對學校行銷會是有用的，畢竟現在大部分學校所發展出來的 SWOT 或許在教育行政上有著某一方面的功能，但是對使學校在激烈競爭的教育市場中脫穎而出卻沒有什麼用處。

　　更何況，有不少學校之所以發展 SWOT 主要是上級政府指定校長要去推動，校長就指定教務主任來發展，而教務主任又選定教學組長來做，最後教學組長卻規定服替代役的阿兵哥來做。但是阿兵哥他真的不會做，於是乾脆就拿其他學校的 SWOT 來抄一抄，只是他們萬萬沒想到其他學校也是如法泡製的抄來抄去，於是，面對著完全不同競爭環境的各個學校，他們的 SWOT 竟然是大同小異，連做錯的地方也都能有志一同的一模一樣才真是神奇。當然現實生活中學校的 SWOT 是不是這樣產生的並沒有經過考證，聰明的你大可

以把以上的敘述當成是茶餘飯後流出來的笑話一則，但是無論你是不是中小學的學校成員，也不管你對 SWOT 有多少的了解，學習對競爭環境有用的 SWOT 分析，卻肯定會對行銷策略發展有很大的幫助。

　　那麼什麼是 SWOT 呢？它其實是四個英文字母字頭的合成新字，代表了四種環境的分析，S 代表優勢（strength）、W 是劣勢（weakness）、O 是機會（opportunity）、而 T 則是威脅（threat）。其中優勢與劣勢是對組織內部環境的分析，機會和威脅則是對組織外部環境的分析。而從另一個角度來看，優勢和機會分析是對組織有正面影響的環境要素，弱勢和威脅則是對組織有負面影響的環境要素。

表 2-1　SWOT 環境分析表

|  | 內部環境<br>（Internal） | 外部環境<br>（External） |
|---|---|---|
| **Positive**<br>（正向） | Strength<br>（優勢） | Opportunity<br>（機會） |
| **Negative**<br>（負面） | Weakness<br>（劣勢） | Threat<br>（威脅） |

　　有些人則認為既然這是為了提高決策的水準所做的環境分析，則在每一個面向上應該再加入一個決策點（Strategy）或行動點（Activity 或 Action），而成為所謂的 SWOTS 或 SWOTA。這種 SWOTS 或 SWOTA 出現或許能讓學校成員更注意到其所做的分析其實是為了最後的決策行為。但是若從另一個角度來看，則在每一個面向後面都加上一個行動或決策點其實是不適當的，因為只要是真正從事決策的學者一定會知道，決策應該是要考量全部面向的有

利因素和不利因素才能做出對整體有利的決策，任何決策的基礎都不應該植基於片面的資訊，否則便容易發展出對某個面向有利的策略，卻可能同時造成其他面向更大的損失，甚至會有策略彼此矛盾的情況發生，徒然造成最終決策者的困擾。再說，SWOT 的製作者和最終的決策者通常並不是同一個人，如果是由下級單位所做出的 SWOT 都要指導決策者怎麼樣去做決定，似乎就有些本末倒置了。因此，本書還是決定以 SWOT 來做討論，而將決策或行動的部分留待行銷策略組合中的各章節來探討。

　　下面這個 SWOT 分析是我在寫這篇文章時，隨機找出國內十幾個學校的 SWOT 分析加以統整，並根據課堂上與學生討論的結果進行修改後所發展出來的山寨國民小學 SWOT 分析表，以作為本書分析現在「市面上」學校所使用的 SWOT 分析的基礎。現在，請各位花一些時間仔細看一下山寨國小所發展出的 SWOT 分析，然後請您再花個幾分鐘把自己想像成該校的校長，並試著根據以下這個 SWOT 分析來訂定出行銷策略或學校發展策略。

**表 2-2　山寨國小 SWOT 分析**

| | 優勢（S） | 劣勢（W） | 機會（O） | 威脅（T） |
|---|---|---|---|---|
| 地理環境 | ‧校園用心綠化<br>‧交通便利 | ‧學區屬老舊聚落<br>‧校園雜草生長快，清除不易 | ‧鄰近山區，山明水秀、鳥語花香、四季如春，富含生態教育資源 | ‧學校附近交通紊亂 |
| 學校規模 | ‧學校面積有二公頃，學生 300 人 | ‧司令台會逆光<br>‧小校教師負擔重 | ‧適合小班教學<br>‧校地廣大 | ‧出生率低，有減班的可能 |
| 硬體設備 | ‧有五十台電腦 | ‧教學設備老舊<br>‧遊戲設施不足 | ‧新建教室將完工 | ‧長期使用空調，有礙健康 |

| 師資資源 | ・教師都很年輕<br>・有三位資訊教師 | ・教師較無向心力 | ・鼓勵教師進修<br>・教師有潛力 | ・住外縣市的教師很多 |
|---|---|---|---|---|
| 行政人員 | ・校長年輕有為 | ・工作分配不均 | ・各行政互相支援 | ・行政人才不願留任 |
| 學生 | ・學生純樸、可愛 | ・學生缺乏自信 | ・學生可塑性高 | ・學生定力不足，易受誘惑 |
| 家長 | ・家長背景單純 | ・家校溝通不良<br>・家長觀念保守 | ・學校提供親職教育機會 | ・家長鮮少指導學生課業 |
| 社區資源 | ・附近有廟宇，可發展民俗課程 | ・批評多，鼓勵少 | ・協調社區資源以供將來利用 | ・失業情形多<br>・外籍新娘多 |

　　如果你能根據上面的 SWOT 分析表訂出一個實用的競爭策略，那恭喜你，你一定是萬中選一的天才，因為上面的 SWOT 分析表實在沒有什麼實用價值，相信這也絕對不是原本推廣 SWOT 分析者的原意。

　　首先，要進行 SWOT 分析就應該要對 SWOT 的各個字首所代表的意義有所了解，但這並不是件容易的事。我曾經多次在研究所的行銷課上請許多在職的主任或校長來區分優勢與機會，但是大多數的人卻無法回答這個問題，雖然他們或多或少都曾參與過 SWOT 分析的製作。就理論上來說，機會和威脅是學校外部環境的分析，而優勢和劣勢則是學校內部環境分析。但是內、外應該用什麼標準來分呢？是應該以校園的圍牆來分呢？還是應該要用學校能管轄的事情來分？這裡提供一個簡單的區分原則，那就是如果專屬於學校獨有且學校可以掌控的部分，就歸於學校的內部環境；而學校無法掌控的趨勢或事件，且是附近大部分學校都可能面對的就應該歸為學校的外部環境。因此，上面表格中所列舉的學校機會點如校園景觀優美、學生可塑性高、以及學校周邊交通紊亂（雖然不在學校圍牆內）等等都應該列為學校內部環境分析，也就是說應該歸在優勢

或劣勢才對。那麼所謂機會點或威脅點是什麼呢？舉個例子來說，如果我們國家經濟大好，稅收增加，因此決定要挹注大筆資金並選定幾所學校來進行科技實驗教育，因為政府要挹注資金就不是單一學校可以掌控的，而且這個機會是許多學校都可以去爭取的，若有幸爭取到這筆經費則對學校會有很大的正面影響，且機會稍縱即逝，因此這便是學校要想辦法去把握的機會點；而像國內出生人口數銳減便是環境的威脅點，因為學校沒有辦法掌控出生人口數，而且這是附近大部分學校都必須共同面對的趨勢。

　　此外，是不是所有學校的機會點和威脅點都一樣呢？答案當然是否定的。例如政府如果突然宣布要撥一大筆錢來補助私立高職，只要能合乎政府設定標準的私立高職都可以來爭取，以提升整體高職的水準。則此項環境的大事件對私立高職來說便是很好的機會點，但是對私立高中、公立高職、公立高中來說卻都是威脅點。私立高職要想辦法從自己的優劣勢中找出可以抓住這個機會的重要內部因素，但私立高中、公立高中、以及公立高職則需要從自己內部優劣勢中找出可以避開這個威脅的重要因素。由於學校最主要的競爭對手通常是與自己同性質的學校，因此，從行銷競爭的角度上來看，大部分的機會點和威脅點會是主要競爭學校所共有的。

　　SWOT 分析的用字遣詞宜簡潔明瞭，不需要的字句其實都可以省略，但是最好是可以一眼就看出該項目被歸於正面或負面的理由。例如，上面表格中地理環境的機會點所列舉的「鄰近山區，山明水秀、鳥語花香、四季如春，富含生態教育資源」便是語不驚人死不休的描述，大可以把山明水秀、鳥語花香、四季如春都去掉。此外，對於內容的選取更必須要審慎，如果對學校發展不是非常重要的部分，或是該因素有其重要性但是對所有學校來說都差不多的優劣勢，其實也可以不用列上。例如「學生活潑可愛」、「學生可塑

性高」或「教師具有發展潛力」等等的描述,對決策者了解市場競爭態式而言其實幫助非常有限,試想哪一所學校的學生天生就不是活潑可愛、可塑性高呢?難道只有我們學校的學生活潑可愛,其他學校的學生都獐頭鼠目惹人嫌棄嗎?最後,SWOT 分析是以實用為主,而不是用來吹捧上級長官的,因此校長和藹可親、學養豐富、努力進取等等的字句大可不必放入分析表中。

　　雖然 SWOT 分析的最大功能在於競爭優劣勢資訊的提供和試算,但是資訊絕對不是越多越好。就現今知識爆炸的時代來說,資訊的總量早就遠遠超過任何人能力所能處理的範圍,若提供了太多的無用資訊,則可能反而模糊了重要資訊的焦點。但是從網路上各學校所做的 SWOT 分析可以發現,大部分學校都會採用如表 2-2 的格式,將 SWOT 分析分成地理環境、學校規模、硬體設備、學生、師資、行政人員、家長、社區等等面向,再加加減減幾個項目,並且一定要去填滿所有的空格。其實這種格式本身就是多餘的,因為 SWOT 分析並非就只有這些列在上面的項目才重要,大部分學校也不可能在所有項目都有攸關生死的重要機會或威脅。採用這種格式唯一合理的解釋或許是這種格式對一些不甚了解 SWOT 分析的學校成員來說,列出所有主要面向可以幫助他們多方考量而不至於遺漏某些重要面向的資訊。但是,SWOT 分析絕對不是國民小學月考時的填充題,一定要去填滿所有的空格才能得到一百分。相反的,在經過審慎的分析過後,真正能填進這個表格的重要資訊其實是非常有限的。例如對某一所學校來說,明明就沒有學生面向的機會點,但為了填滿空格,就勉強擠出一個「學生可塑性高」這樣的答案來填入。要知道資訊貴在精簡,而原本 SWOT 分析的目的就是希望能讓決策者在最短的時間內看出最重要的競爭趨勢,能迅速而有效率的進行決策,過多雜七雜八的資訊只會造成反效果。

　　那麼學校的 SWOT 應該包含哪些要素呢？我沒有辦法確切的回答這個問題，因為一百所學校就會有一百個不同的答案，決定填入或捨棄的原則在於這個資訊對學校發展行銷策略會有多大的幫助。如上表填入的「校園用心綠化，成效卓著」或「司令台在上午會逆光」雖然有其重要性，但是對學校提升競爭力或提振招生結果的影響卻不是很大，這與「學校野狗很多，小偷不敢進入」等等的陳述一樣，除非當地小偷猖獗到成為學校生存的重大威脅，否則這個陳述對學校行銷競爭決策並沒有多大幫助。

　　要確保所列舉的項目具有實用價值，首先就要確認這個 SWOT 所要達成的目的為何？接著就可以循著主要目的的方向去尋找機會點和威脅點。例如某個學校發現在將來一年中最重要的機會點是「國家經濟大好，稅收增加，因此政府決定要挹注大筆資金並選定幾所學校來進行科技實驗教育」，然後又發現政府選擇試辦學校的標準是學校的電腦數與學生數的比例、學校中具有資訊背景的教師人數、以及學校 E 化校園落實的情形，那麼這些選擇的標準就可以列入 SWOT 中。因此，如上表所列舉的「學校有五十台電腦」或「學校裡面有三位資訊專長的教師」對這個學校的 SWOT 分析來說便是很重要的內容，至少針對當前重要的機會點而言是不可或缺的資訊。又如近來政府裁併校的政策如火如荼的展開，而某學校進行 SWOT 分析最主要的目標就是避免被合併，而附近學生人數持續減少則是該校最主要的威脅點，要避開這個威脅點，則影響學校招生的主要內部因素如學校名聲、教師品質、課程設計、學費高低等等就應該成為這所學校進行 SWOT 分析時必須聚焦的重點項目。至於是否環境優美、司令台逆光、或野狗很多就不用放入此 SWOT 分析中了。

　　在確定 SWOT 分析中該放入的項目後，接著更重要的便是要決

定學校或教育機構在這些面向或項目上到底是處於優勢還是劣勢？最好是可以用量化的方式來呈現出優劣勢的強弱程度。剛才的例子提到了一個三百人的學校裡有五十台電腦，這在台灣的學校應該算是很不錯的了，所以我們直覺的認為這是不可多得的優勢。但是，請先別急著下定論，如果我們主要的競爭對手和我們學校有相同數目的學生，而他們卻有九十台或甚至一百台電腦呢？我們這時還認為五十台電腦是優勢嗎？若真的以此優勢去發展競爭策略，那顯然會一敗塗地。因此在這裡，我要引進競爭態勢 SWOT 分析中最重要的一個概念，那就是「比較」。所謂的優勢或劣勢並不是自己認為我們很好就叫優勢，自己覺得很差就是「劣勢」，行銷競爭中的優勢或劣勢必須與最主要的競爭對手進行「比較」後才能決定。

　　講到這裡，相信大家對如何發展競爭態勢 SWOT 應該有一個清楚的概念了。但是事情還沒結束，假設本校有五十台電腦，而人數與我們差不多的競爭對手只有四十五台同樣等級的電腦，根據前面的講法，這應該算是我們的優勢了吧！那我們是否可以依據這個優勢來訂定長期的發展目標呢？很不幸的，答案是最好不要冒然行動，因為這個優勢事實上並不明顯，而且很容易被模仿。假設我們倚仗這個優勢而全心發展以科技教學為主的長期計畫，卻沒想到在政府決定要選擇哪所學校以前，突然半路殺出了個程咬金捐了五十台電腦給我們的競爭對手，那麼我們原本的優勢很快的就變成是超級劣勢了。

　　其實我舉這個例子最主要的目的是要引進另外一個在進行 SWOT 競爭優勢分析時非常重要的概念，那就是「模仿」。所有的組織看到對手因為發展某一項技能而能大幅提高其競爭優勢時，通常大家都會想要模仿。因此，如果我們所謂的競爭優勢的內容是對手很容易模仿的，那組織或許可以根據這個優勢來作為發展短程計

畫的基礎，而除非能確保這個優勢可以延續下去，否則應該盡量避免以這個容易被模仿的競爭優勢來訂定中、長程的發展計畫。

到這裡，大家應該可以看出這本書的 SWOT 分析似乎與一般學校或教育機關所做的 SWOT 分析有些不一樣了。的確如此，因為這裡所用的 SWOT 分析是以競爭為導向的 SWOT 分析，與現行學校或教育機構所用的 SWOT 分析是有很大差別的。從 SWOT 分析架構上來看，如以下「資訊提供導向 SWOT 分析圖」所示，現在學校所用的 SWOT 分析在了解組織目標後，會同時將內、外部環境的大事件呈現出來，但是內、外部的分析彼此卻是互相獨立的，要等到進行決策時才東拼西湊的嘗試將內、外部的分析連接起來，但是最多也只能進行鬆散的連結。此種 SWOT 對那些不甚了解某組織環境的組織成員來說的確可以提供不少內、外部環境的片段資訊，讓他們在短時間內可以認識該組織或教育機構的大概情形，但是若想要以此種 SWOT 發展出在激烈競爭市場中求生存的行銷策略，則幫助就非常有限了。因此，本書才會花這麼大的篇幅來介紹如以下「競爭導向 SWOT 分析圖」所列的 SWOT 分析，先訂出組織發展的目標或大方向，然後了解外部環境中可能影響目標達成的主要機會和威脅，再分析影響組織抓住機會或避開威脅的重要項目為何。如果本組織在這些項目上比競爭對手更能抓住機會或避開威脅便是擁有優勢，反之則是處於競爭劣勢。最後，如果行有餘力，更可以試著採用層級分析法（Analytic Hierarchy Process, AHP）等一些政策分析方法，以量化的數字來呈現組織整體以及在各個項目上與主要對手比較後的競爭優劣勢的強弱程度，就更一目了然了。

在學校行銷的領域裡，我一向很強調採用競爭導向的 SWOT 分析，因為就算你的學校有很好的課程，並且能抓住機會進一步提升學校以及學生學習的品質，從各方面來看你都做得很好，但是你還

是不能確定你能因此獲得最後的勝利。因為在這個競爭越來越激烈的教育環境中，想滿足顧客需求、努力抓住機會的可是大有人在，因此就算你很努力也很有成就，但是如果你的競爭對手比你更努力、更有成就，那你也只能眼睜睜的看著顧客一個個的被其他學校或教育機構搶走。所以，雖然現在學校所用的 SWOT 分析有讓學校成員了解自己學校的功能，或者也還有一些是我所忽略的其他教育上的功能，但是專就發展學校行銷競爭策略而言，本章所介紹的競爭導向的 SWOT 分析會更為實用。

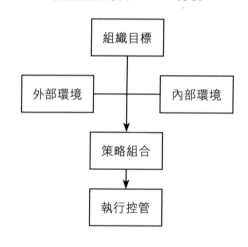

**資訊提供導向 SWOT 分析**

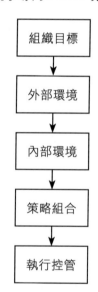

**競爭導向 SWOT 分析**

圖 2-2

# 第二節　五力分析

　　五力分析是由 Michael Porter（1979）發展出來的，所謂的五力分析便是要將特定產業中來自於外部環境的各種不利因素歸納為五種主要的威脅：現有競爭對手的威脅、替代品的威脅、潛在進入者的威脅、供應者的威脅、以及來自於購買者的威脅。若其中的某幾項威脅很大，則組織便要想方設法的避開這些威脅，若原本對組織構成極大威脅的不利因素漸趨消逝，則組織可以抓住這個喘息的機會力求發展。而與其他競爭者比較起來，越有能力去抓住機會或避開威脅的機構就越具有競爭的優勢。本章將以 Michael Porter 所發展出來的五力分析為基礎，探討五種教育產業環境的威脅。

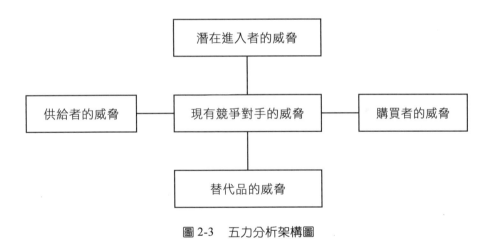

圖 2-3　五力分析架構圖

## 一、現有競爭者的威脅

　　來自於現有競爭者的威脅是大家最熟悉的，同時也是產業內競爭的主要來源，因此本書將會花較長的篇幅來探討此一競爭態勢。通常有以下的情況時，來自於現有競爭者的威脅會非常激烈。

### 1. 競爭者越多，競爭越激烈

如果競爭對手很少時，由於餅很大，分的人少，因此通常競爭較不激烈，甚至有時競爭者還會彼此合作而出現聯合壟斷的情況。例如在十幾年前，大學數量很少，想念大學的人卻很多，當時大學間的競爭就非常平和。但是近年來大學增至一百五十所以上，想念大學的人卻沒有同比例的增加，自然造成激烈的競爭。

### 2. 產業成長越緩慢，競爭越激烈

當一個產業成長快速時，各家廠商所生產的產品較不會有賣不出去的憂慮，因為永遠會有新的客戶不斷的加入，在商機無限下，競爭自然趨於和緩。但是當這個產業的顧客規模不易擴大或甚至越來越小時，就很容易有生產過剩的情形，而競爭也會因此加劇。近年來我國出生人口數銳減，使得教育產業的顧客規模越來越小，也因此各教育機構間的競爭也就變得越來越激烈了。

### 3. 固定成本越高，競爭越激烈

產業的成本一般可以分為固定成本和變動成本，固定成本是不管顧客多少、產量多少或銷售多少都必須要付出的既定的成本，例如校地、校舍和運動場等等就是固定成本，就算學校只收一個學生，這些都是已經投資下去的成本，不會因今年招收學生數變少而降低成本。但是像水電費等等就是變動成本，因為如果今年多收或少收了一百個學生，則水電費的花費也會跟著增加或減少。由於學校固定成本很高，因此學校必須招收到足夠的學生來降低每生平均固定成本，如此一來，競爭自然激烈。

### 4. 差異性越小，競爭越激烈

在產業裡就算有很多的競爭對手，如果這些競爭對手彼此差異性很大，因為每個競爭對手對不同的服務種類而言都是「只此一家，別無分號」，各自的顧客群是不同的，競爭自然較小。相反的，如果大家同質性都非常的高，那彼此的顧客相互重疊，我多一個顧客你就少一個，競爭自然激烈。就教育產業來說，一般差異性較小，大家所要爭取的顧客是相同的，按理說競爭將會非常激烈。現在國民小學只是因為學區制阻擋了彼此競爭的激烈程度，但已經有不少學校開始跨學區進行招生，若將來實施大學區制或交通越來越方便，可以預見將來學校間的競爭只會變得更為激烈。

### 5. 退出障礙越高，競爭就越激烈

如果某企業或組織經營不下去了，卻因為種種因素不能退場或宣布倒閉，這時我們稱這個產業的退出障礙很高。而當退出障礙高時，這個產業內的競爭將會非常激烈。因為如果退出障礙低，則當產業無利可圖時，競爭對手自然一個接著一個的倒閉或轉型，競爭對手減少自然使競爭激烈程度降低。但是當退出障礙高時，就算組織虧錢也不願意或無法退出市場，競爭的壓力就好像悶在壓力鍋中無從釋出，競爭自然激烈。一般來說，教育的退出障礙頗高，這主要是因為教育的資產用途非常狹窄，若退出教育市場則已投入的資產無法轉作他用，等於是血本無歸，因此就算經營不下去了，通常教育機構也會死命的留在市場中等待奇蹟出現。造成教育機構高退出障礙的另一個主要原因則是情感的因素，尤其是社會責任的驅使。通常興辦教育者會有較高的道德情操，當學校主事者發現學校倒閉後現有的學校成員都將因此失業，也只好盡力撐到彈盡援絕。

而學校結束經營更可能影響到經營者的個人聲譽，在面子問題的驅使下，非要戰到最後一兵一卒絕不輕言放棄。

由以上的分析可以清楚的看出，若以 Michael Porter 五力分析中的「來自競爭者的威脅」分析教育事業的競爭態勢，幾乎所有的指標都呈現競爭者間的威脅非常嚴重。教育事業競爭者眾多、產業呈現負成長、教育事業固定成本非常高、彼此差異性甚小、而退出障礙又特別高等幾個特性，都註定了學校間的競爭是不可避免的，現在各級教育已漸漸感受到激烈競爭的態勢，而在將來教育市場化進一步落實後，必然會出現更激烈的競爭。

要對付現有的競爭者通常可以採用價格戰、廣告戰、新產品、售後服務等行銷手段，但這些方法通常會牽一髮而動全身，一經採用很快就會引起競爭對手的報復行為，進一步產生連鎖反應，而造成整個產業的動盪不安，不但無法有效避開威脅，有時甚至會加重來自於各競爭對手的威脅。例如價格戰，除非此種產業的主要產品需求彈性（elasticity）很大（需求彈性若很大，則就算降價也能靠多出來的銷售量彌補因降價所帶來的損失，詳細內容請參閱本書第五章價格策略的論述），否則市場無法擴大，最後必然造成整體利潤的減少，使競爭情況雪上加霜。尤其學校在社會大眾的眼裡應該是要以超然的公益性為經營目標，太過激烈的競爭將招來各界的批評，甚至引起政府的介入。因此，對教育市場中的現有競爭者來說，當競爭態勢越來越激烈時，最好的策略是差異化行銷，也就是要辦出學校與眾不同且受顧客認同的特色課程（詳情請見本書第四章產品策略），如此才不至於捲入無窮無盡的價格戰或廣告戰之中。

## 二、潛在進入者的威脅

　　新進入產業的教育事業機構，帶來新增的產能，目的在獲取一部分的市場，但往往也會拿走許多的資源和顧客，結果使原有的學校成本上漲，顧客流失，利潤減少。也因此，現存於市場內的廠商通常會非常注意可能進到這個產業的潛在進入者，尤其是當這個產品非常賺錢時，產業外的人虎視眈眈的想要來分一杯羹，來自於潛在進入者的威脅就相當大。以教育機構而言，幼稚園、安親班、補習班、甚至是私立小學就必須防範來自於潛在進入者的威脅，因為這些學校通常可以有較為豐厚的利潤，自然會吸引潛在進入者的覬覦。

　　例如在 1995 年前後，由於台灣房市一蹶不振，許多建築商蓋了房子根本賣不出去，在無利可圖的情況下，建商索性不蓋房子了。但是就算不蓋房子，建築機械還是需要維修保養、長期員工還是要領錢、銀行的貸款還是要繳納、土地閒置不用還要付出更高的稅金，因此不動工不但不表示不花錢，有時甚至需要付出比蓋了房子後低價賤售更多的錢。於是許多建商轉而投資教育事業，因為這些學校需要用到大面積的土地，而建商最多的就是土地，且開辦學校的校舍建築工程可以讓閒置的員工和工人發揮其功能，若幼稚園經營成功還可以有可觀的利潤，因此在房市大蕭條的那幾年中，台灣出現了一所又一所占地廣闊且建築美侖美奐的幼稚園，也著實帶給市場中原有的幼稚園很大的衝擊，更使許多事前沒預見這波來自於潛在進入者威脅的幼稚園就此關門大吉。

　　那麼在產業中現有的學校或其他教育機構面對來勢洶洶的潛在進入者是否就只能坐以待斃呢？還是有什麼好辦法可以來防範或應付來自於潛在進入者的威脅呢？首先學校可以先找出「進入的阻

擋價格」（the entry deterring price），然後以降低訂價或提高投資來嚇阻潛在進入者的覬覦。換句話說，當預見來自潛在進入者的威脅甚大時，甚至可能造成將來關門大吉的結果時，學校就要先斷尾求生，讓這個產業的利潤不再過於豐厚，使潛在進入者感到無利可圖，以降低產業對潛在進入者的吸引力，讓潛在進入者將資金轉投資到其他獲利更佳的產業。此外，如果原來就存在市場中的學校在評估後發現自己擁有比潛在進入者更豐厚的資源時，也可以大量增加投資，讓潛在進入者認為進到這個產業將遇到頑強的抵抗，以嚇退那些資本不夠雄厚的潛在進入者。

　　但若是發現潛在進入者吃了秤陀鐵了心，一定要進入教育市場，那麼提高顧客的轉換成本將是現有學校降低衝擊的高招。如果現有的學校可以提高顧客的轉換成本，一方面可以多少讓潛在進入者多一分進入的顧慮，另一方面，就算潛在進入者真的進到這個產業時，學校也可以先求自保。所謂轉換成本是指顧客要從其所使用的某一種產品換到另一種同類型產品時所需要付出的實質或心理成本，轉換成本越高，則顧客越不願意花更大的成本去購買潛在進入者的產品，威脅自然降低。以學校事業而言，學生因為適應新環境所需付出的額外精力，以及重新購買書籍、校服、書包等等的經濟壓力都是常見的轉換成本，因此學生通常不願意無故轉學。若現有的學校能提高學生的轉換成本，使顧客不易流失，便可以降低潛在進入者在進入市場後的衝擊。

　　另一個與轉換成本非常相似的方法是建立顧客的忠誠度，因為如果某項產業的顧客都能有高度的產品忠誠度，則潛在進入者要進入到這個產業時便需考慮進到這個產業中爭奪顧客所需付出的高昂代價，因此一方面會降低潛在進入者進到這個產業的意願，也可以降低潛在進入者進到產業後的衝擊。就教育市場來說，其顧客一般

是比較具有忠誠度的。學校若能透過校歌、校服、校際比賽、同儕感情等等的方法來建立學生對學校的榮譽感和歸屬感，那麼就算潛在進入者真的進到了這個產業，也能大幅降低其所帶來的衝擊。

專業或法律因素也會使潛在進入者卻步。尤其是當既有學校已經掌握了一定的專業技術，而這專業技術又不容易或不允許被模仿時，通常潛在進入者會不願意進到這個市場。例如教育產業中的一些教材教法都是有專利權或獨家代理權的，除非潛在進入者能夠發展出更好或旗鼓相當的教材教法，否則進到這個市場卻不具有競爭力，已經可以預告其必敗無疑了。此外，學校的名聲有時候也跟專利權一樣具有甚大的遏阻作用。一所擁有超高名聲的學校，一方面可以讓潛在進入者顧慮進到市場後是否有足夠的能力與名校競爭，一方面也可以靠著既有的名聲減少潛在進入者進到市場後的衝擊。

## 三、替代品的威脅

所謂替代品在這裡指的是和某一產品功能相似的其他產品，例如豬肉是牛肉的替代品、email 是傳統紙類郵件的替代品。那麼一般學校的替代品是什麼呢？就傳統公立小學而言，替代品有私立小學、森林小學、在家教育、網路學校或新興的公辦民營學校等等。替代品的出現通常是來自於大環境的轉變，由於傳統的產業已經無法滿足因環境變化所產生的新需求，替代品通常就會漸漸形成。由於這些替代品是順應環境而發展出來的，通常在新的環境中會比現有產業更具有競爭力。例如十五年前數位相機剛開始萌芽時，傳統式的相片沖印店還能安居樂業，但是在十五年後的今天，以往傳統式的底片沖印店幾乎已經消失殆盡了。冰塊工廠被電冰箱所取代、傳統名片印刷廠被數位廣告公司取代、而複寫紙製造公司一定恨死

了「全錄」，因為「全錄」發明了影印機後，複寫紙的用處就非常有限了。

　　在教育界也是這樣，在 1990 年以前美國傳統的公立小學就如我國公立學校一樣是採學區制的，而且受到政府無微不至的保護，但是自從 1991 年公辦民營學校（charter school）出現後，公立學校原有的學生就被這些公辦民營學校「整盤端去了」。公立小學從此臥薪嘗膽，並試著發展各種行銷策略，立志要從公辦民營學校的手中找回流失的顧客，而這卻意外的導致「學校行銷」這一門學科從此在美國蓬勃發展。但是替代品的出現往往是來自於環境變遷所產生的新的顧客需求，因此在傳統產業與替代品的競爭中，通常替代品都是略勝一籌的。傳統產業要應付來自於替代品的威脅，其行銷策略絕對不能只是一味的想要依靠努力工作或降低價錢來爭取顧客，例如傳統底片沖洗店就算打出洗一張相片只要一塊錢的虧本生意也喚不回多少顧客了，畢竟顧客根本不再使用需要填裝底片的相機了。傳統產業唯有走出一條與傳統完全不一樣且合乎市場需求的道路才有可能重新得到顧客的青睞，但是這又談何容易。較為經濟務實的方法是在傳統的核心技術中加入替代品最吸引顧客的長處，或甚至與替代品結合。例如傳統的保全業早就被電子保全系統所取代，但是結合傳統保全以及電子保全的企業似乎更容易得到客戶的信任。另外，數位影像已經取代許多傳統相片業，但是結合新式數位影像以及以往的照片打光技術的照相館也能吸引更多顧客的光顧。教育界也是如此，當公辦民營學校已經獲得大部分學生家長認同時，傳統公立學校便必須效法其自主發展特色的精神，同時發揮傳統教育五育並重的基本教育理念，才能迎戰來自替代品的威脅。

## 四、購買者的議價能力

產品的購買者通常會被視為是產業的顧客，而行銷理論更一再的強調顧客是產業的衣食父母、產業應該以客為尊、甚至應該站在顧客利益的角度來進行行銷活動。但是顧客同時也是產業的威脅來源之一，尤其當顧客的力量越大時，產業的獲利就可能因此降低。

購買者在哪些時候會變成組織或教育機構的威脅呢？首先，當買方集中，或大量採購時，購買者通常會有很大的議價能力。例如，王媽媽要讓她的寶貝兒子去唸乖乖幼稚園，某天就特地騎著摩托車到乖乖幼稚園去報名，抵達時才發現學費很貴，因此希望幼稚園能將學費打個九折，可是園方對學費卻非常堅持，一毛錢也不肯降價。這時如果這位媽媽聯合住家附近十幾位家中有即將要就讀幼稚園子女的母親一起去議價，那麼園方就很難不調降價錢，因為不降價的結果將可能一次喪失十幾位小朋友，這在招生困難的年代中將會是慘重的損失，因此通常幼稚園也只能做出適當的讓步。這也就是為什麼現在網路團購這麼盛行，畢竟這可以很快的提高顧客的議價能力，而對業者來說，這一方面是來自顧客的威脅，一方面卻也是快速開發新顧客的機會。

此外，如果顧客所購買的物品是無差別品時（大部分同業所供給的物品彼此間並沒有很大的差別），通常來自於顧客的議價能力也會增加。因為「此處不留人，自有留人處」，你這個學校不降價，那我隨時可以選擇其他學校就讀。但是當學校能發展出與眾不同的特色時，家長的議價能力也就會相形的減少。同樣的，當購買者面對很少的轉換成本時，業者所面對的來自於顧客的威脅也會變大。如果家長發現轉校的成本很低，那麼當他們對某所學校的作為不滿意時，便隨時都可以「出走」，而不用顧慮要多花很多轉換的成本。

但是如果轉換成本高，那麼家長可能就會三思而後行了。也因此，當學校在面對來自於家長或其他顧客議價能力的威脅時，最好的策略便是要發展出差異化且符合市場需求的產品。此外，以特殊的制服、課本及課外讀物等等來提高顧客的轉換成本也是降低顧客議價能力的有效方法。

## 五、供應者的議價能力

產業界非常重視原料供應者的議價能力，因為如果取得原料的成本提高，將會嚴重損害廠商的競爭能力。但是就教育產業來說，原料到底是什麼呢？這可以從兩個方面來看，一方面是實體的原料，例如校舍的興建和維護、教學設備或其他固定的消耗品、書籍和學用品費用、水電和其他業務費用等等，這些費用若大幅成長，則原本吃緊的學校財政壓力將更為嚴峻。另一方面，若將知識視為學校的主要產品來看，那知識的原料或來源最主要的便是學校的教師了，因此，教師在薪水、津貼、加給、以及其他福利議價能力的高低將會影響到學校的經營。由於人事成本占了公立中小學經常門支出的 90% 以上，在私立中小學也占了 75% 左右，因此教師的議價能力增強將可能帶給學校莫大的威脅。那麼教師在什麼情況下會有較高的議價能力呢？Porter 曾指出當供應者具有壟斷性質或當供應者的產品對廠商的營運很重要時，那麼供應者的議價能力就會提高。教師是否可能壟斷市場呢？若從整體教育的教師供應來看應該是不至於發生，雖然合格教師都是由政府所認證提供的，但是由於公立學校的教師薪水是由政府來負責，且具有特定的計算標準，因此不太可能因為壟斷而哄抬價格；但是私立學校就不一樣了，政府只要求學校需按薪級表來調薪，卻沒有規定薪水的基數，因此私立

學校在這方面有比較大的議價空間，也會面對一些具有特殊能力或專長教師的威脅。例如現在一般的私立幼稚園若要走高級路線，幾乎不可能不引進外籍師資來教授英文，但是國內外籍教師的人數甚為有限，因此各學校無不想盡辦法爭取高品質的外師。又因為外籍教師所教授的英語對學校提升學生英文能力以及招生題材來說是非常重要的因素，因此外籍教師的議價能力便相對提高，而這當然也就造成學校發展行銷策略時必須正視的威脅之一。

# 第三節　顧客分析

　　不管企業或組織生產什麼產品，其最終目的就是要將產品賣出去，一個不受消費者或顧客支持的產品就只能束諸高閣，或是為了面子問題而只好打腫臉充胖子的對外宣稱「我捨不得賣」，也因此，對顧客有深入的了解絕對是行銷中最重要的先決條件。但是教育產品的顧客是誰呢？我們又應該專注在哪些人的消費行為分析上呢？許多人喜歡將學校的利害關係人（stakeholders）都界定成學校的顧客，這包含了校長、教師、學生、家長、社區人士、政府、企業組織、非營利團體等等。雖然這個界定並沒有錯，但是由於這個定義過於鬆散又牽涉太廣，對教育機構的行銷策略發展並不實際。因此，在學校行銷中，通常會將顧客界定為學生和家長，以學生和家長為學校的一級顧客來進行策略規劃，並將其他人士列為二級或甚至三級的顧客而較少去討論。

　　或許部分教育界的朋友要質疑說：「我們對學生的了解難道還不夠嗎，他們肚子裡有幾條蛔蟲我都一清二楚。」但先別這麼肯定，請先試著回答下面幾個問題吧！現在學生最流行什麼？他們現在最

常做的休閒活動是什麼？他們有多少兄弟姊妹？他們家裡有幾台電腦？他們回家後要花多少時間在唸書或上網？他們最常造訪的網站是哪一些？現在學生所說的「你是好人」、「要去噗一下」「殺很大」到底是什麼意思呢？你可以看懂學生用來溝通的火星文嗎？你了解他們現在主要在煩惱什麼嗎？你知道他們繳交學費時有什麼樣的感受嗎？你知道他們在面對選擇學校時的情緒變化嗎？這些問題一個比一個深入，但這就是學校行銷中顧客消費行為分析必須要面對的一些問題。若以現在學生的流行用語來說，或許我該簡短的問道：「你學生了沒？」但不幸的是，雖然階級越高的學校成員對學校行銷所應負起的責任就越大，但是，階級越高的學校成員似乎對學生的了解卻越低。

　　當然這時又有人會說：「了解他們的語言跟情緒有什麼用？跟行銷和招生都沒什麼關係呀！」當然有關係了，想想看你去招生的時候，用他們聽得懂的語言來和他們溝通比較有效，還是要搬出孔子孟子的學說來教導他們上學的重要性比較有效呢？是要和他們討論愛因斯坦的定律來彰顯你的博學多聞比較重要，還是要談談他們關心的時事比較容易引起他們的注意呢？更現實一點的說，在你花了大錢買了招生廣告時，如果你能了解選校過程中學生的情緒變化，你就可以掌握住他們在什麼時候會心裡癢癢的很想知道更多學校的訊息，使你可以在最有效的時間點用最契合他們需求的廣告來打動他們。當然對那些從事招生活動已經數十年的「老先覺」來說，他們多半會大聲宣稱已經對學生和家長的消費行為瞭若指掌了，但就算如此，在這個千變萬化的時代裡，不可否認的連這些「先知先覺」也常要慨歎「現在的學生都不知道在想些什麼東西」，也難怪 Webber 要一再的鼓勵大家：「不要太肯定你自以為顧客會上門消費的各種原因，不妨偶而輕描淡寫的問一下他們為什麼來消費

我們的產品，隨口問一下對你也不會有什麼損失，有時候你卻可能因此得到意想不到的發現。」（張沛元譯，2007）因此本章將以學生就學歷程中對學校行銷最重要的就學動機以及選擇學校主要考量因素兩個層面來探討。

## 一、學生就學動機

　　雖然消費者會購買相同的產品，但是他們背後的動機卻可能千變萬化，了解顧客購買你產品的動機，才能知道你需要提供他們什麼樣的東西，甚至進一步的發展出讓他們驚喜的產品（Brinckerhoff, 2003）。例如某些人買書可能是為了要獲取書中的知識，有些人買書則是要拿來擺飾以假裝自己很有學問，更有些人買書是為了要拿來當成禮物送人（雖然很多賭徒不喜歡收到「輸」），當然了，還有許多小朋友買書只是為了要讓家長能陪伴他們到書店去逛逛，而他們真正想要的目標其實並不是要買的書，買書只是藉口，他們要的是擺在書店中精美的玩具或學用品。當動機不同時，顧客對產品的要求就會有差異。例如，要獲取知識的購書者會特別重視書中的內容是否豐富；拿來擺飾或送人的書則包裝一定要精美；要假裝自己很用功的買書人通常會喜歡有點老舊的書，因為這才表示他們已經翻爛了這本書；而當書變成是購買其他精美學用品的美麗藉口時，這書的品質就不是那麼重要了，不過價格最好不要太貴。書商若能了解顧客的主要動機，便可依著動機來進行產品和行銷的設計，如此才能以最低的成本發展出最暢銷的書籍。

　　學生到學校上課也是一樣，每個人都有他們背後不一樣的動機，尤其是非義務教育階段的學生，他們到校上課的動機更是天差地遠，當然這也就導致他們對學校教育有完全不同的需求。例如一

個隨時想著要在畢業後養家餬口的一般生，他可能會更重視學校的課程在畢業後是否能提高就業的機會，而比較不會去在意學校是否有優美的校園或舒適的環境；反之，若已經篤定要繼承家業或已經是在職的學生，畢業後的工作機會對他們來說就沒那麼重要，他們反而會把焦點放在知識的取得、學習環境的良好與否、或甚至是交友機會的有無了。我每年上課或到學校進行訪問和演講時都會先問學生學習的目的是什麼，以便能調整授課或演講的內容來滿足他們的需求。雖然每次所得到的答案真是千奇百怪，但還是可以簡略的歸納出幾個主要的動機：

### 1. 獲取知識或技能

這是大部分的學生來上學最普遍，同時也是最冠冕堂皇的動機。當然獲取高深的知識或技能可能只是他們所想要得到的最後利益的一個跳板。例如為了增加以後的工作機會，或是為了畢業後能進到更好的學校拿到更高的學位。但是不容否認的，就有這麼許多對知識有濃厚興趣的人，為了追求更高的知識或技能而來就學，或是用學術一點的話來說，為了要「自我實現」或「自我超越」。我教過的各屆研究所學生中常會有一些五、六十歲以上的在職學生，工作機會或是繼續升學對他們來說已經不重要了，而他們的薪水也早升到最高薪級了，他們之所以來上研究所，最主要就是出於對知識或技能的追求。

### 2. 增加畢業後的工作機會

對台灣高中或大學以上的學生來說，畢業後的工作機會是一個非常實際和迫切的動機，因為在文憑主義盛行的社會中，沒有文憑就很難找到高階層的工作，而文憑在台灣非要靠就學才能獲得（不

能用買的喔！）。因此對於許多學生來說，追求畢業後有更多工作機
會或希望畢業後就業的薪資能提高也是他們就學的主要動機。

### 3. 提高社會地位

在「萬般皆下品，唯有讀書高」、「好男不當兵，好鐵不打釘」
等等傳統士大夫觀念的影響下，社會上一般認為「讀書的孩子不會
變壞」，而讀好書更可以提高自己的社會地位，使許多學生因此願
意花更多的時間來念書，而家長不但樂於支持學生就學，甚至子弟
是否進到好的學校念書、在學校的成績是否優異等等都變成是整個
家族的面子問題。此外，對許多在職的學生而言，更常因為同儕一
個一個的拿到碩士博士，而覺得自己只有學士學位似乎是低人一
等，尤其是對那些在學校已經身兼要職的行政長官更是如此，他們
常會因為學校中其他成員的學歷越來越高而倍感壓力，逼得他們不
得不繼續進修，希望藉由學歷的取得來提高或鞏固自己的領導地
位。

### 4. 適應社會生活

對於小學生來說，就學的主要目的除了要學習將來在社會上
「生存」的知識和技能外，更希望能在一個全人的教育環境中學習
到「生活」的知能。尤其當社會上生活水準提高，對這一方面的要
求更加明顯，而針對這項動機所產生的各種教育的創新產品，如：
毛毛蟲小學、森林小學等等也就應運而生了。

### 5. 入學或工作的跳板

有些人到學校上課只是為了能夠進到這個學校或這個學校的某
個科系就讀。例如國外許多的英文先修班或國內許多大學裡的學分

班便有很多學生是抱著這個動機來的。他們相信先到這些先修班或學分班就讀對將來進到這些學校會有一定的幫助。另外也向下一階段的學校邁進。

### 6. 社會生活的追求

許多學生上大學的主要目的並不是要學習什麼知識，他們真正嚮往的是結束高中的束縛，到大學殿堂中去自由自在享受年輕人的時光，泡網咖、交男女朋友、參加各種活動等等，無庸置疑的「由你玩四年」也成為很多人上大學的動機之一。而對許多成人教育階段的學生來說，有時候到學校來交朋友或打發時間也可能是他們就學的動機。我有一個朋友他就非常懊惱沒有上過大學，其主要原因倒不是因為他找不到工作或薪水偏低，而是因為他覺得他的生命中少了那麼一段可歌可泣、多采多姿的生命歷程。

由以上的敘述可以看出，一般人就學的動機真的是千千萬萬種，很多時候動機更不只有一個，而是可以同時有很多的就學動機。但是除非企業或組織特別強調客製化或一對一為主的產品，否則消費者分析要知道的動機便不是只有特定個人的某幾個動機，而是大多數現在或潛在消費者認為最重要的動機，如此對行銷才有用，而這就有賴市場調查了。了解這些動機對行銷最主要的好處是，一方面可以針對現在學生最想要就學的動機來設計出能吸引他們的行銷策略，另一方面如果可以了解某項普遍存在卻尚未被重視的動機，更可以此發展出新的課程或其他教育產品，找到教育市場的藍海策略（Hodge and Schachter, 2006）。此外，了解動機對將來招生宣傳的設計也非常重要，例如：知道學生主要是為了提高將來就業機會而來念書，那除了在產品上加強知識的灌輸以及技能的訓練外，更可在廣告上插入一些將來功成名就的畫面，在言語上也可以

強調「成功就業」或「畢業後百分之百的就業率」等等的言詞，以吸引潛在顧客前來就讀。

## 二、學生選擇學校的標準

當你在逛百貨公司的時候，有時會因為看到某樣東西非常喜歡，也不去想這東西到底實不實用？價值有多少？就不管三七二十一的掏出信用卡狠狠的刷了一筆，但是買了以後才開始感到有些後悔。由於這樣的顧客還真不少，因此百貨公司當然會千方百計的將最「吸睛」的商品擺在最容易被顧客看到的地方，以吸引「閃靈刷手」的貴客眷顧。但是教育產業的消費行為卻與百貨公司大相逕庭，因為當顧客選定了某所學校就讀後，他就要在那所學校待上好幾年，且這個被選擇學校的教育將可能影響到他一生的發展，因此當顧客在選擇學校時總會經過一番深思熟慮，甚至到處去蒐集學校的資料，以確保所做的決定是正確的。對學校行銷而言，若學校能了解大部分學生最重視的擇校標準，便可以找到學校產品發展或改進的方向，使他們的產品更能迎合學生的需求。以下幾項是學生選校時最主要考量的學校因素：

### 1. 學雜費用的高低

學費高低對學生的選校意願是否有影響似乎是個不證自明的道理，畢竟對幾乎所有的學生和家長來說，學費越低當然就越受歡迎，這從最近大學學費調漲所引起的抗爭便不難理解。但是這條鐵律也並非永遠正確。首先對那些鎖定來自於金字塔頂端家庭學生的學校而言，學費降低有時反而會讓這些貴族學校的家長覺得自己小孩唸的學校沒有別人貴而感到沒面子，尤其當某龍頭小學的學費突

然被其他學校趕過時，家長的這種心理更表露無遺；其次，由於教育產業資訊不對稱的情況相當嚴重，有時消費者會因為不知道要如何去判斷產品品質的高低而採用「價格＝產品」的簡單心理模式來決定產品的品質，他們會直覺的認為價格越高的產品至少會有高於平均的品質吧！相反的，學費特低的學校其品質應該也高不到哪兒去，因此如果學費對家庭經濟的負擔不是很重時，家長有時會寧願花錢買個心安。

　　有沒有打折是比較特殊的情況，這尤其適用於鄉下的私立幼稚園。有許多的婆婆媽媽其實也並不是真的在意打折下來的那幾塊錢，只是如果完全不打折的話，他們就會覺得學校好像有些不近人情，或認為學校不重視他們，這也逼得許多學校必須多少給一些折扣以吸引這些學生家長。

### 2. 獎助學金是否豐富

　　對於貧窮家庭來說，獎助學金是否豐富對其子女能否就學常會有決定性的影響。獎助學金的影響力常取決於社會經濟情況以及學生的家庭經濟背景，通常獎助學金在經濟不景氣時較容易受到學生的注意。此外，對於來自於家境清寒的學生而言，學校是否提供優厚的獎助學金更是其擇校時的重要考量。由於國內的學費與其他已開發國家比較起來並不算高，因此獎助學金的高低對來自於小康家庭或富有家庭學生的影響並不顯著。但是，對於那些要出國留學的學生而言，因為國外的學費和生活費甚高，因此是否可以拿到獎助學金以及獎助學金的多寡就變成是非常重要的選校因素了。

### 3. 打工賺錢的機會

　　對學生來說打工的機會是他們解決沉重經濟負擔或充裕生活

資金的重要方法，因此許多學生在選擇學校時也都會打聽是否有打工的機會，例如以兼任家教來說，城市的學校可能打工的機會比較多；但是若以到小學代課而言，鄉下的機會反而會比較多。

### 4. 預期畢業後的收入

最後在經濟取向方面，學生不只是在意進到學校就讀需要付出多少的成本，他們更重視從學校畢業後能否找到工作。當然對中小學生來說，這可能不是他們最關心的因素，但是對於大學生在「畢業即失業」的這個年代中，畢業後的出路已成為學生們最重視的選校因素了。

### 5. 校園環境

以台灣升學選校的習慣而言，通常學生在選擇學校之前並不會如許多國外學生，還會親自造訪所欲申請的學校。因此，除非這所學校很有名或鄰近學生住家附近，否則大部分學生在進到學校之前對該所學校的校園長什麼樣子並不清楚，就算從網路上看照片也很難有個正確的概念。因此校園環境優美對招生並沒有太大的加分作用，但是若校園過於狹小或過於老舊則可能會有減分的效果。

### 6. 學習設備

學校設備是否新穎齊備也是學生考慮的重點，沒有人願意到設備不良的地方去上課。只是很不幸的，除了學校的建築物以外，學生在選擇學校時其實也比較不容易獲知學校設備的真正情況。不過學校教室內是否有裝冷氣最近好像變成學生與家長最關心的設備了，也因此許多學校或補習班在打廣告的時候都會強調冷氣教室。研究設備的好壞對學生的學習成效也會有很大的影響，因此設備新

穎先進的學校通常也較能吸引學生來就讀。一般來說，學生比較重視的研究設備除了理工學院或醫學院的專門儀器外，也會想要去了解圖書館的藏書、電腦及網路視訊系統等等的教學設備。

### 7. 學校風氣

學校風氣是屬於謹言慎行的軍事學風或是自由自在的放任風氣對學生選擇學校也會有一定的影響。但是學生到底喜歡哪一種風氣其實是因人而異。以前很多人會把師範院校與嚴格、無聊畫上等號，但是現在這種情況似乎已漸漸消除了。

### 8. 課程特色

學校的課程是否有其特色？而這個特色是否符合學生的需求？是學生選擇學校時主要的考量要素之一。例如，現在想進教育行政所的學生多已經意識到教職並不容易考取，因此如果學校的課程能讓他們以後有更廣的就業機會，比如往商業管理去發展或往高考的方向來設計課程，則對他們而言便會有更大的吸引力。

### 9. 師資素質

如果學校的師資裡有非常有名的教授，則對學生而言也會有很大的吸引力。這就是為什麼很多的私立學校寧願花大錢去請各科的「名師」到校上課，有時這些名師的薪水甚至高於學校校長或一級主管的薪水。

### 10. 學術聲望

某些學校其學術聲望非常的高，因此便能夠吸引學生來就讀。例如：台大、清大、建中或北一女就完全不用怕會招不到學生。此

外，對高中或國中階段的學校來說，學生的成績以及升學考試的錄取率可能更為家長以及學生所重視。

### 11. 校友表現

如果學校有很傑出的校友便很容易吸引到更多的學生來就讀。在國外通常學生會留意學校內有幾位諾貝爾獎得主，或出過哪些有名的政治人物或經濟大亨。在台灣則以後兩者的校友較為顯著，畢竟諾貝爾獎得主實在不多。

### 12. 地理位置

這個因素在以往是很少提到的，也是許多學生比較不重視的。但是在九二一大地震以後就變成是學生或家長的主要考量因素之一了。在我的行銷課中，許多大學生及研究生都表示當他們在選擇學校時，學校地點的安全性也會是他們考量的要素之一。若以出國留學來說，則有戰爭、內亂、治安不好、或種族歧視嚴重的學校通常大家也都會避免去就學。離家遠近是很多學生考量的主要因素之一，但是有些人喜歡離家近的學校，因為這樣可以住在家裡享福，又可以省下住宿費，還能萬事靠父母，或就近照顧家中的事務。但是有更多的年輕人卻喜歡離家遠一點的學校，因為這樣才能避開父母親的監視，好好去過「由你玩四年」的生活。

### 13. 交通便利

交通便利的學校通常也比較受到學生的青睞，對於地處偏遠的學校在這一方面通常是比較吃虧的。有些鄉下學校為了增加學生的方便性，甚至在入學考試時就到各處去設考場，以增加各地學生報考的意願。更有些學校到外縣市的大城市中設立學校的分部，以吸

引更多大城市的學生。

### 14. 生活機能

附近生活機能的便利性也是學生重視的選校因素，尤其是那些想要到大學來享樂的學生，附近遊樂場所的多寡以及夜市的遠近是他們最重視的要素之一。但是也會有一些學生進到學校就是想要好好的唸書，尤其是有些文科的學生，他們反而比較喜歡到遠離塵囂的學校去就讀。

### 15. 錄取成績高低

學校錄取成績高低是許多考生是否報考的主要因素之一，如果學校比較好考，則會有比較多想要試一試運氣的學生來報名。與此相似的是過去幾年的報考人數，如果報名人數少的話通常錄取率就會增高，也就容易吸引投機的學生。因此不少研究所就發現如果今年的報考人數特別多，那隔年報考人數就會大幅降低。只是以教育研究所來講，由於近年來全國報考的學生人數急劇的減少，因此各學校也就出現年年降低的慘況。

### 16. 考試科目多寡

由於所有報考的人都要應考相同的題目，因此考試科目多寡對錄取的難易並沒有太大的差別。可是許多報考者會選取報考科目較少的學校去應試，因為這樣可以少唸一些書。

### 17. 畢業難易度

許多學生也會去打聽哪一所學校比較容易畢業？哪一所學校有許多的大殺手？越容易畢業的學校通常越會吸引到一些學生來就

讀。但是畢竟教育還是良心的事業，縱使大部分學校注意到這一點，通常還是會堅持學生要達到一定的標準才能畢業。

唯有透過對學生擇校因素的了解，學校才能藉以發展最能吸引學生的行銷略。至於要如何以學生的擇校因素為基礎來發展行銷策略，本書在下一章定位分析中有更深入的探討。

面對巨變環境，守成者因逃避危機而盡失先機，
進取者卻能看到商機並爭取轉機

第 3 章

教育市場區隔、
選擇、定位策略

　　由於任何一所學校都不可能有取之不盡、用之不竭的資源來開設所有的學科，更不可能無窮無盡的接受所有的學生前來就讀，因而，選出對學校最有利的顧客族群便成為學校行銷成功的重要關鍵。在前幾章的內容中，我們已經了解如何分析市場環境以及消費者的購買行為，接下來便是要著手將顧客做出區隔，然後找出對我們最有利的目標顧客族群，並進一步分析我們學校相較於其他競爭對手，在這些目標顧客心中的形象定位，以便能更有效的吸引對學校最有利的顧客。上述以市場區隔（market segmenting）來將顧客分門別類，接著經由目標市場選擇（market targeting）來找出對學校最有利的顧客族群，並以市場定位（market positioning）來了解目標顧客對學校的形象定位，這一連串的行銷活動通常也被稱為目標行銷（target marketing），或直接用英文稱為 STP。

　　市場區隔是要將學生分門別類並進行挑選。當然，這分類和挑選的概念很快的就會讓許多人聯想到「貧富差距」、「種族隔離」、「重男輕女」等等負面的印象，並直覺的認為市場區隔就是學校將弱勢學生擋在校門口外的最好藉口，更是對儒家「有教無類」思想的最大侮辱。可事實上目標行銷並沒有這麼大的能耐，它不一定就是要重富輕貧，更絕對不是要杜絕弱勢學生升學的路子。相反的，許多學校在將學生分門別類後，甚至會選擇弱勢學生來作為主要的目標市場，量身訂做的提供弱勢學生更好的服務。例如：台灣許多傳統的私立幼稚園，便常以來自較低收入家庭的學生為其主要的客戶族群，以避免和大型的雙語幼稚園做正面對決，他們會盡可能的將各種成本壓低，以減輕家長的負擔，並由此來提高對經濟狀況較差家長的吸引力；此外，美國許多新設立的特許學校，更是鎖定特殊教育的學生為其目標市場，以針對這些弱勢學生發展更新更專業的課程。

　　當然我們也必須承認，目標行銷對義務教育階段的公立學校而言，有時的確不容易實施，畢竟義務教育階段的公立學校負有對教育學區內所有學生的神聖使命，對學區內的所有的學生應該要一視同仁，是不應以學校的利益為主要考量來挑選學生的，而這些學區更是政府老早就規劃好的，由不得學校來進行選擇，因此，這些學校在進行目標行銷規劃時，就比其他學校更需留意是否會侵犯到學生的權益。換句話說，義務教育的公立學校，只能在不影響學區內學生的權益下，才能進行目標行銷。

# 第一節　市場區隔

## 一、什麼是市場區隔

　　對教育界來說，廣義的顧客是指所有想要或可能會想要學習的人，如此一來，學校要服務的顧客範圍就非常大了。但這些顧客可不像「機械公敵」裡的機器人大軍一樣，從外表、功能、以及思想模式都是一模一樣，偶而才出現一個不受中央電腦系統操控的變種機器人，當然這個與眾不同的機器人，在美式電影中很快的就變成了英雄。但是，當我們把場景拉回現實生活，你就很難在地球上找到兩個一模一樣的人了，就算是雙胞胎的兄弟姊妹間，也都存在著極大的差異。台灣評鑑協會理事長許士軍先生便曾指出：「人未必同此心、心未必同此理，行銷基本上便是希望能發掘其間差異，給予不同的人以貼心的滿足」（引自張沛元譯，2007）。的確，個人間的差異性正是市場區隔的基礎。但是，我們若進一步的以市場區隔的技術

面來考量，那麼我們要找的其實不是顧客間的差異點，而是要找出他們共同點，將具有共同特性的顧客歸成一類，然後才能從各式各樣的共同特性中，尋找出對組織發展或行銷最為有利的幾個共同特性來經營規劃，並針對擁有這些共同特性的顧客族群來設計行銷活動。

　　舉例來說，某社區大學的校長是個有理想有抱負的管理者，但是，不管這位校長再怎麼意氣風發或天縱英才，都不可能開設千百樣不同種類的課程來教育千萬種不同的民眾。因此，他必須找出對學校最有利的主題以及對學校最有利的顧客來開設課程。經過幾次的市場調查後，他發現在學校招生範圍內的民眾大致可分為東區民眾支持藝文課程、西區民眾喜好體育課程、南區民眾重視電算課程、而北區的民眾偏偏愛死了語言課程。若進一步的調查又發現支持藝文課程的民眾人數占最多數，且附近的競爭對手多以開設體育、電算、和語言課程為主。此外，這所學校又無巧不成書的擁有好幾位成名的藝文專長教師，那麼選擇藝文來作為其主要的特色課程，似乎會比開設其他種類的課程或貪婪的開設全部的課程更為有利。而在初期經費不足的情況下，其行銷的範圍更可以先針對東區的民眾來進行集中式行銷，畢竟這些學生是最可能被學校課程吸引來就讀的顧客族群，若尚有餘力，再進一步擴及到其他地區的行銷。如此的規劃，便能以最低的成本來吸引最多的學生，並且以差異化的產品避開和其他主要競爭對手的正面衝突。

　　當然，真正的市場區隔會比剛剛所說的複雜許多，畢竟在上面這個例子中，我們只用了民眾的偏好和居住地區兩個變項來做區隔，但在現實生活中，卻還有許許多多可以用來做區隔的變項和方法。以下我們將先討論市場區隔的功能，然後再列舉可以作為學校市場區隔的方法和挑選的原則。

## 二、市場區隔的功能

　　確保組織的存活以及利潤是市場區隔的最重要功能，也是市場區隔在 1970 年代出現時的主要目的。波士頓顧問公司（Boston Consulting Group, BCG）的資深顧問 Tillers（1974）首先採用市場區隔的技術來進行行銷，因為他發現不同顧客會有不同的需求，而要滿足這些不同需求所需要付出的成本也就完全不同，因此，組織必須進行市場區隔，將整體市場分成許多更小的區隔市場，並分析每個區隔市場所需要的成本和利潤有多高，然後再配合對組織內部資源的分析，來找出最適合組織發展的區隔市場，如此，組織才不致於浪費過多的資源在獲利能力甚低的區隔市場，或野心勃勃的去經營一個自己力有不逮的區隔市場而遭致失敗。

　　提升專業服務品質是市場區隔的另一個重要的功能。當企業產品是要銷售給不特定的大眾時，通常我們就必須考慮到這些大眾間所存在著的極大差異性，因此常會犧牲產品的專業性，而生產出較為大眾化的產品，以便能滿足範圍較廣的顧客。但是，行銷定位大師 Webber 就指出，以往盛行的大眾行銷在現今的分化社會中，已經很難有所成效了。現在每個人都想要與眾不同，沒有人會想要去承認自己只是數以千萬計的「大眾」中的一份子而已。以往奉行大眾化行銷的人，只想憑藉單一的宣傳方式來應付所有消費者，但這方法在這個極度分化的現代社會中，已經越來越難成功了。相反的，採取區隔行銷策略的行銷人，會專注於單一區隔市場的經營，因而能大幅提高產品的專業品質（張沛元譯，2007）。

　　例如：某教育研究所想要辦理碩士在職進修專班，若其並未對招收的對象設限，則其學生來源可能包含了校長、教師、農夫、電子工程師、船員、快遞人員、餐廳的服務生、或甚至是建築工人等

等各行各業背景完全不同的人，為了要配合這麼多非教育專業的學生，學校在課程安排上便不得不降低教育學科的專業性，甚至可能為了配合班上幾位完全沒有教育先備知識學生學習的進度，而犧牲其他學生獲得更高深知識的機會；相反的，如果這個研究所以學生的職業進行市場區隔，並選擇學校成員或教育相關機構的成員作為其目標市場，則其課程設計便可更貼近於教育專業。

避免與競爭者做正面衝突是市場區隔的另一個重要功能。當所有產業的行銷對象都是社會大眾時，大家所爭取的對象就會非常雷同，也就容易引發激烈的競爭。由於市場區隔可以找出哪些顧客較可能購買哪些企業的產品，那麼企業當然也就可以反過來針對那些重疊性較小的特定顧客，來設計產品並進行行銷，以避免因市場高度重疊而造成的削價競爭或廣告戰。尤其當市場中出現超級無敵大企業時，通常小企業是完全無法與之競爭的，這時小企業就可以透過市場區隔的方法，來找出大企業的主要以及次要顧客群，然後針對次要或完全不重視的顧客群來進行行銷，以避免和大企業做正面衝突而死無葬身之地。

最後，企業組織更可經由市場區隔來發掘企業的藍海。Kim & Mauborgne（2005）在他們合著的藍海策略中指出，大部分企業都只會延續傳統的做法並稍加修繕，就希望能藉此打敗競爭對手。然而隨著產品越來越多，產品供過於求，獲利空間越來越小，產業間為了爭奪市場的生存權而引發割喉大戰，終於把市場染成一片血腥的紅海。但事實上，爭戰不休的紅海只占整個海洋的一小部分，其資源經過這麼多年的你爭我奪，也幾乎耗竭殆盡了。但是，包覆著地球廣大無垠的藍海，才是真正蘊藏豐碩資源的所在，卻很少有人願意去探測和開發，因此企業應該透過以產品創新為根基的藍海策略，才能超越競爭、掌握無限商機。藉由研究 108 家公司的業務專

案，Kim & Mauborgne 更發現有 86% 的專案是屬於紅海爭戰專案，但是對公司整體獲利只占了 39%。而公司只用 14% 的專案來開發藍海，卻為公司爭取了 61% 的整體獲利，更肯定了創新藍海的重要性。經由市場區隔，不但可以將顧客分門別類，更可以看出主要的競爭對手與各門各類顧客間的關係。在這個分析中，除了要了解競爭對手在各區隔市場中的占有率，以找出對自己最有利的既有目標市場外，更可以開發出那些尚未被任何競爭對手攻占的潛力市場，並針對這些未開發市場進行產品創新，便可在這未開發的區隔市場中占盡先機而創造出企業另一個藍海。

## 三、市場區隔的方法

　　既然要對顧客來進行區隔，當然需要找出能夠用來區隔顧客的方法。在 1970 年代市場區隔的技術剛開始萌芽時，大部分的市場區隔是以顧客的需求種類或是各類需求的成本來做區隔的。但是到了 1980 年代以後，由於顧客分化的情況越來越精細，因此各種區隔的方法也就越來越細膩，且越來越複雜。Boston Consulting Group 的 Winger & Edelman（1989）甚至提出了市場區隔可以細分到單一的個人，並強調個人化商品時代已經來臨。當然在現實生活中，並非所有商品都可以細分到單一個人，過度細分的結果更可能會因為未達經濟規模而導致組織的獲利下降或虧損。因此，市場區隔除了考慮區隔的優點外，也必須同時顧慮到區隔後可能增加的服務成本，以及縮減的潛在顧客群。Kotler and Fox（1994）曾經列舉一些教育事業可用來作為區隔的方法，包含了地理方法（geographic）、人口方法（demographic）、心理方法（psychographic）、以及行為方法（behavioral）等四種。

地理面向的區隔是最古老、也是最容易進行的市場區隔方式。地理面向的區隔可以根據顧客所在的國家、縣市、鄉鎮、學區等，或者是其他地理特徵，如：沿海或山上、偏遠或城市，甚至是以離學校一定距離為劃分方法來進行市場區隔。至於要以哪種方式來進行區隔與學校的特性有很大的關係，例如：公立國民小學主要便是以政府規定的學區來做區隔，而其主要招生對象就是學區內的學生，只是這個區隔並不是由學校自己來設定的。因此，當某些學區的學校發現這種區隔無法讓他們招收到足夠的學生時，就會想方設法的擴大其招生範圍，而與鄰近學校產生招生的競爭。採取地理區隔的私立學校通常是以學校招生能力為基礎，只要是學校教師可以接觸的範圍或是學校校車可以到達的範圍，通常都是其招生的主要市場。另外，學校的層級越高，通常招生的範圍也就越廣，例如：幼稚園通常會以其所在的鄉鎮為主要招生範圍，大學則將全台灣的學生都列為其目標顧客群，而國外的一流大學更可能將其招生區域的劃分擴及到全世界。

人口面向的區隔主要是根據顧客的性別、年齡、收入、家庭背景、職業、種族、及宗教等等來做區隔。世界各國的學校中，有許多是以性別來做市場區隔的，例如：台灣各縣市專收男生的高級中學或專收女學生的女子中學便是，甚至連大學都有男女校的區別，例如：以前靜宜大學便只招收女學生。就算是非常強調性別平等的美國，在以前也多有以性別來做區隔的案例，著名的八所長春藤盟校中就有許多設有女校，如：哈佛大學的 Radcliffe Institute 以及哥倫比亞大學的 Barnard College 等就是長春籐盟校的女校。此外，以職業類別作為區隔方法的學校或科系更多，一些專為教育人員開設的教育研究所在職專班，就是以職業類別來作為市場區隔的方法。最後，一些專走貴族路線的中小學或專走平價路線的托兒所或幼稚

園，是採用家庭背景或家庭收入來做市場區隔。這些以家庭收入來作為區隔方法的貴族學校，會針對高收入家庭來設計其課程以及行銷媒體選擇等，例如：出國遊學的課程或選擇以知識性雜誌作為其主要的廣告媒介等，可不是指這些學校會斷然拒絕來自於家庭收入較低的學生。

　　心理面向的區隔方法主要包含了性格、價值觀、偏好等等。例如：許多需要走進人群的學科或活動課程，便會希望招收個性較為外向的學生，而同時這些課程對個性外向的學生也較有吸引力。而強調學校制服以及嚴格要求生活常規的學校，對保守家庭或重視子女安全的家長而言吸引力會較大。此外，價值觀也是很重要的學生心理特質，例如：國外在申請醫學院時，除了必須要成績優異外，更重要的是在面試時必須表現出對人的愛心，因為很多醫學院會以學生對人的愛心來決定是否錄取這位學生。

　　行為面向的區隔主要是以消費者對組織特定產品的認知以及回應來進行區隔。例如：有些學生對學校會有感情，因此往往希望其子女也能夠唸他們唸過的母校，這種趨勢在國外大學算是非常流行的。此外，動機也是教育界常用的市場區隔方法，例如：許多人上研究所的原因，便可能是想要探究高深的學問、增加找到工作的機會、混一張文憑以迎合家長的要求、或者純粹是為了打發時間，若持某一種動機的學生族群在過去未受到應有的重視時，學校便可以此為目標顧客族群，調整課程來吸引這一部分的學生。

## 四、市場區隔的原則

　　看完以上市場區隔四大面向中所涵蓋的變項後，現在我們必須另外強調一點，那就是學校通常會以多重變項來進行市場區隔以

提高行銷的效益。例如：某一所位於台灣中部的貴族式私立女中，就是同時以學校鄰近地區、學生家庭背景以及女性學生等三個變項來界定其所欲招收的學生。問題是當學校面對這麼多的市場區隔方法，到底應該選擇哪些方法呢？這沒有一個四海皆準的答案，畢竟各個學校所面對的環境和其所具有的資源都不一樣，其所應選擇的市場區隔方法也就完全不同，不過本書還是歸納出了幾個區隔市場時必須考慮的問題：

　　首先，要考慮的是區隔標準是否方便測量。用來作為區隔的方法必須是能夠清楚界定及測量的，如此組織在技術上才有辦法進行區隔。例如：學校都希望能招收到尊師重道的學生，但是人心隔肚皮，在技術上實在不容易測量出哪些人是尊師重道，哪些人又是安貧樂道、離經叛道、邪魔歪道或大逆不道，因此，若以尊師重道的程度來進行市場區隔就有那麼一點兒不上道了。一般來說，人口面向以及地理面向的區隔標準較為明確，也容易測量；而心理面向或行為面向則較常有測量不易的情況發生。但是，有時候心理面向或行為面向卻是學校招生時必須要考慮的標準，例如：剛剛所提及的美國醫學院會希望招收熱心助人的學生，警察學校也必須要考慮學生的道德情操，遇到這種特殊情況時，也只能依賴各種設計精密的市調方法來達成這個超級任務了。

　　接下來則是要考慮區隔市場的規模是否有足夠的利基。在設定市場區隔的標準時，一方面要考慮所採用的標準是否會過於細膩，另一方面也要顧慮是否用了過多的標準，因為過於細膩的區隔會造成許多區隔市場的學生人數過少，徒然增加目標市場選擇的複雜度。這涉及到兩個層面，首先是我們的整體市場規模若不是很大，那麼市場區隔數目則應盡可能不要太多，以免造成各區隔市場規模太小。此外，有時既定的區隔方法可能造成某幾個區隔市場規模遠

小於規模經濟的標準，這時則可以考慮進行區隔市場合併。例如：當我們以學生就學動機來區隔市場時，將整個市場分成追求知識導向、工作機會導向、滿足虛榮導向、父母逼迫導向、以及打發時間導向的學生，但是真正進行調查時卻發現打發時間導向的學生只占整體市場的百分之一，那我們大可把這一類型去除，因為選擇此型為目標市場可能只會增加行銷的複雜度，卻因為人數太少而無法得到多少的助益。

　　此外，若採用家庭收入、學生性向、以及學生居住地三個標準來做市場區隔，並假設家庭收入包含五個等級、學生性向分成四類型、而學生居住地分為五大區域，如此一來，我們總共就會有一百種的區隔市場（$5 \times 4 \times 5 = 100$），又假設我們招生區內有 10000 名合乎入學標準的學生，則平均每個區隔市場只有 100 名學生。若學校需要招收 2500 位學生，就必須從這 100 類中找出 25 類的學生來進行宣傳，如此，只會造成執行上的困難而根本沒有實質的效益，因此就必須減少區隔項目。

　　除了以上兩點之外，還要考慮區隔市場的穩定性。我們進行市場區隔時，必須要確定區隔後各個群體的特性，以及各區隔市場對各學校的喜好程度在短時間內不會變，至少在我們進行行銷的這一段時間內不會變，否則進行區隔就沒有用了。尤其是教育，通常決定市場區隔後，需要花幾年的時間來發展適合目標市場的創新產品，而不像產業界創造一個新產品只需短短幾個月時間。如果在發展新產品的這幾年中整個區隔市場的趨勢改變了，則學校可能因發展的方向錯誤而付出極大的代價。例如：若以學生就學動機將高中生市場區分為工作導向、工作與升學並重、以及升學導向的學生，結果一些高中和高職發現有大部分工作導向以及升學與工作並重的學生有較高的意願就讀綜合高中，加以政府在旁搧風點火，因此，

鎖定這兩個區隔市場將其原本純屬高中或高職的課程改為綜高課程，以同時吸引工作導向以及升學與工作並重的學生，並避開與一流高中或高職的正面衝突。不料幾年後，政府撒手不管了，而這兩個區隔市場的學生又突然轉向就讀一般高職，使這些改制為綜高的學校面臨斷炊的危機，而紛紛改回純高中或高職，但卻因此損失改制所花費的龐大成本。

最後，如本章一開始所論及的社會觀感的問題，也是學校實行市場區隔時必須考慮的重要因素。尤其是公立學校，其責任是教育學區內所有的學生，而且以法律上而言更必須對所有學生一視同仁，因此，如果區隔的條件違法或可能會引起社會的質疑，那麼學校一定要再三深思其所得是否可償所失。

# 第二節　目標市場選擇

進行完市場區隔後，接下來的工作便是要從區隔後的眾多市場中找出適合我們去行銷的市場了。我們在選擇市場時除了考慮各區隔市場的特性以及環境的情形以外，更重要的還要考慮本身的能力。對於區隔後的市場，學校還可以選擇要以哪些的方式來進行行銷，亦即區隔市場的覆蓋策略。

## 一、選擇目標市場的原則

在選擇目標市場時要考慮哪些因素呢？Kotler & Fox（1994）認為教育機構在選擇目標市場時必須同時考慮市場面向的七個因素以及組織面向的六個因素。本書則從中挑選出兩個面向中各四個最適

合一般學校採用的因素來加以探討。從市場面向來看，以下幾個標準是教育機構需要特別注意的：

### 1. 區隔市場的規模

一般來說，規模大的市場會比規模小的市場來得好，因為這樣才會有足夠的客源。例如：若以學生將來想從事的工作來進行區隔，那麼商業傾向或理工傾向的學生族群就會比農業傾向的學生族群規模大多了。

### 2. 區隔市場的成長力

市場成長越快越好，因為，客源人數便可以快速的增加。反之，成長力小或甚至是負成長的市場就不是有利的目標市場。承上一個例子，教育傾向的學生族群就不是很好的目標市場，因為，這個市場近年來正持續且快速的萎縮當中；但是相反的，有志於從事生技科學的學生近年卻大幅的提高，會是一個比較有利基的市場。

### 3. 區隔市場的經濟力

市場中的顧客越有能力支付越高的教育經費越好，如此，便不用擔心價格過低或收不到錢的問題。當然這是在商言商的標準，尤其是對於想要走貴族路線的學校來說，更不得不以此為標準。但是，對一般的學校來說，這個標準或許具有商業利益，卻可能違反辦學的教育理念，必須審慎評估採用的後果。

### 4. 區隔市場的競爭密度

競爭密度越低越好，這樣來自於同業的競爭才可以有效的降低。雖然鎖定人口密集的大都市來招生，可以面對規模相對較大的

市場，但是通常這個有利可圖的市場，也會招來各路的競爭者，而導致超級激烈的市場競爭，有時反而比鎖定人口較少的鄉下作為目標市場更難獲利。

選擇目標市場時，除了從市場面向來考量外，另一方面也必須就學校的能力來加以衡量。因為，幾乎所有的市場都會牽涉到競爭的激烈程度，而且通常越有利基的市場，其競爭就越激烈，若學校有足夠的能力可以打敗眾多的競爭對手，那自然可以往最有利基的市場進行鎖定，但是，若學校與其他對手相較下能力稍弱，則最好選擇競爭較為平和的市場。以下是一些對於組織能力的衡量標準：

### 1. 市場占有率

當學校有越高的市場占有率時，其能力越大。大學校一般就比小學校擁有更多的資源，例如：以行銷廣告而言，若大、小學校各拿出百分之一的經費來進行電視廣告，那麼小學校的經費可能只能廣告幾秒鐘，而大型學校花同樣百分比的經費卻可以買下半小時或數小時的廣告。

### 2. 價格競爭力

越能將學生就學成本壓低的學校，其能力也就越大。公立學校在這一方面就占盡了優勢，因為，其大部分的經費是由政府補助而來，學生只需要繳交很少的學雜費，比起學費動輒數萬的私立學校而言，公立學校自然有較高的競爭力。

### 3. 產品品質

當學校產品的品質與競爭者的產品比較起來更高時，學校的競爭能力就越大。但是，需要注意的是這個產品的品質對於不同的區

隔市場，會有完全不同的解讀。例如：美國哥倫比亞大學的教育學院，在近幾年是全美排名第一，其商學院和法學院也都名列前茅，但是，其理工學院卻無法與「頂尖」這個辭沾上邊了。

### 4. 資訊和行銷能力

當學校對學生或家長的需要、需求以及其他各種資訊越豐富時，其競爭能力也就越大。例如：學校要進行宣傳時，如果了解各區隔市場學生或家長最需要的產品為何時，便更有機會吸引他們的青睞。

所有學校都必須要同時考慮以上所列舉的四個市場面向因素以及四個組織面向因素的契合程度，才能找出對學校行銷最為有利的區隔市場。

## 二、市場覆蓋方式

了解以上選擇目標市場必須考慮的標準以後，我們自然可以依照以上的標準，來找出對學校最有利基的區隔市場了。但是，如果同時有好幾個區隔市場都符合我們的條件時，或是不同的區隔市場有不同的利基時，我們到底是要從其中選擇哪一個來行銷，還是乾脆將全部的區隔市場都選為我們的目標市場呢？這就是我們這一節所要討論的目標市場行銷模式的問題了。一般說來，學校可以採用的市場覆蓋策略共有三種：無差異行銷（undifferentiated marketing）、差異化行銷（differentiated marketing）、以及集中行銷（concentrated marketing）。為了要解釋清楚，現在我們假設某大學將市場區隔成 A、B、C、D、E、F、G、H、I 等九個區隔市場，然後看看學校要如何從這九個區隔市場選出目標市場。

### 1. 無差異行銷

無差異行銷是指學校選擇所有的區隔市場，並且只使用一種行銷的方式，來對這個市場進行行銷工作。事實上，聰明的您一定看得出來這與大眾行銷（mass marketing）其實沒什麼兩樣，因此，也就具有大眾行銷的所有優缺點。選擇這種行銷策略的組織

| A | B | C |
|---|---|---|
| D | E | F |
| G | H | I |

會找出一般大眾最需要的東西，然後以大部分人可以接受的行銷手法，來爭取最多顧客的注意。

雖然這無差異行銷在產業界比較少用，但是，在教育界卻經常被使用。首先是義務教育的學校，其所秉持的是有教無類，更要公平的對待所有的學生，因此，不能只鎖定某一族群的學生，來設計課程或發展行銷策略，因此，就算明知道哪一個學生族群對學校是最有利的，也絕對不敢明目張膽的公開宣稱，要以此一族群作為其目標顧客群。而私立學校多少也會有這一方面的困擾，就算是自己定位為貴族學校，通常也只是默默的針對他們所鎖定的學生族群來進行宣傳，而不敢大張旗鼓的宣布家庭年收入要多少以上才能進到學校來上課。尤其是當招生困難之際，能夠招到學生就已經謝天謝地了，當然就更不會將某些族群的學生排除在外。最後，就算有些學校招生無虞，而且也希望能以市場區隔，來找出最具利基的區隔市場來進行行銷，以最有效率的方式，招到最多他們想要的學生，但是，如果 A、B、C、D、E、F、G、H、I 等九個族群，除了在用以區隔的變項上會有所差異外，其他條件都非常相近，這時學校似乎也就沒有必要捨棄其中某些顧客了。

選擇此種無差異行銷的好處是，由於學校不需要去擔心學生的個別差異，因此，只要設計出一套課程，便可以通用到所有學生身

上，如此將可節省不少產品創研成本以及單位行銷成本。但是，這種無差異行銷最大的風險在於，如果各區隔市場的同質性不夠高，那麼採用無差異行銷就可能因為不重視個別差異，而造成大家的滿意度都不高，這時如果有其他的機構以差異化行銷來經營，特別重視某些學生的特殊需求，則這些學生很可能就會被這些實施差異化行銷的競爭學校拉走了。

### 2. 差異化行銷

差異化行銷是學校可以採用的另一種目標市場覆蓋模式。採取差異化行銷的學校會在各個市場區隔中，針對不同的顧客群採取不同的行銷方式。以剛才的例子來看，若學校發現顧客群 E、F、I 的到校學習的主要動機是獲得高深的知識，D、G、H 是增

| A | B | C |
|---|---|---|
| D | E | F |
| G | H | I |

加工作機會，而 A、B、C 純粹是為打發時間或交朋友，那麼學校針對 E、F、I 學生族群所做的宣傳是強調課程創新以及師資優良，而對 D、G、H 的宣傳廣告就應該多強調畢業後寬闊的出路，對於 A、B、C 的學生在廣告 DM 上，就應該多放一些學生休閒活動以及所有學生快樂相聚的照片。

差異化行銷的好處是他們還是可以覆蓋所有的學生族群，並且以更契合於各學生族群需要的課程設計或廣告宣傳來增加對學生的吸引力。但是，差異化行銷也有經費支出高漲的缺點，且由於每增加一個不同的課程便要多花一些經費，因此，組織在決定要採用差異化行銷時，對於到底要將顧客分成多少個族群進行不同的行銷策略，就關係到將來需要花多少錢來支應因不符合經濟規模所造成的成本增加。

### 3. 集中行銷

集中行銷是差異化行銷的一個特例，因為，採用集中行銷的組織將只選擇單一或極少數的區隔市場，作為其行銷的目標顧客群。以剛才的例子來看，如果某大學在所有學生選擇學校所重視的因素中都無法和其他學校競爭，唯有環境優美一項是其他所有

| A | B | C |
|---|---|---|
| D | E | F |
| G | H | I |

學校都難望其項背的，那麼這個學校最好的選擇應該就是集中式行銷。尤其當他們發現有一族群的學生在選擇學校時對環境優美的重視程度，遠遠超過其他所有的影響因素時，則這個學校更應該鎖定A族群的學生進行集中式的行銷。

集中行銷的好處是專業與專精，更因為只選擇一小部分的市場來集中經營，因此，通常可以獲得較高的認同感。此外，對很多小學校來說，這是避開與大學校或一些知名學校衝突的最佳方式。這些小學校可以選擇大學校較不重視的因素來發展成自己的特色，並鎖定對這個特色極度重視的學生族群來做行銷。此外，一些剛進入市場的學校，通常其資金會較為吃緊，在各種條件上也不容易與存在已久的大型學校相提並論，這時最好先採用集中行銷，待將來實力漸增後，再慢慢擴大為差異化行銷或無差異行銷。但是，集中行銷也不是完全沒有風險，其最大的問題是選定某一窄化了的客源來發展專業，若是某一天這些客源枯竭時，學校很難在短時間內重新發展新的專業而常會面臨倒閉的風險。

# 第三節　市場定位

## 一、市場定位的意義

學校在選定目標顧客以後，接下來的工作便是要了解應該要如何去做，才能滿足這些目標顧客（學生和家長）的需求，吸引目標顧客，以及希望目標顧客如何來看待我們這個學校的產品。而這種學校透過一連串計畫和行動，在目標顧客的腦海中留下與眾不同的有利印象的過程就是市場定位。為什麼要進行市場定位呢？說穿了，就是希望在顧客的心目中占據一個最有利的地位，當顧客需要某一類的需求時，第一個想到的就是我們的產品，也就是所謂的品牌聯想。例如：當我們談到醫學或法律的時候，我們立刻就會想到台灣大學，但是，當我們想到電子工程的時候，可能想到的是清華大學、交通大學、或成功大學。而想到教育的時候，應該會想到師範大學或政治大學。換句話說，政治大學是以文科為其定位，而清華大學和交通大學可能是被定位為以理工為主的大專院校。

這裡需要注意的是，如果學校決定將自己定位成某一類型的學校，是否就表示這所學校真的就是這類型的學校了呢？情況可能沒有想像的這麼簡單。沒錯，以學校定位來說，學校應該先試著找出對自己最有利的目標市場，然後分析這個目標市場裡潛在顧客的喜好，然後依據分析的結果將學校產品定位成最能滿足並吸引這些顧客的形象。但是，一直到這個階段，所謂的定位都只是學校自己一廂情願的想法，卻不見得可以實現。這就好像我如果自己說我要當一個坐擁一百億台幣的富翁，難道我就真的已經變成了這樣子的富翁了嗎？因此，所謂的產品定位到頭來，還是要由目標市場中的潛

在顧客來幫你做最後的定位。

　　現在問題又來了，既然要顧客來幫你做定位，那為什麼又說學校要發展定位策略呢？這是因為學校的定位必須要靠學校與顧客兩方面的契合才能完成。學校要先找出自己所要的定位，然後透過各種定位宣言或品牌宣言，來告訴顧客我們產品的優點，以及我們的產品如何滿足顧客的需求。但是，當顧客心目中對學校的印象並非學校所預期的定位時，這時學校就必須要透過行銷策略組合：產品、定價、通路、推廣、以及人員等等的策略，來改變顧客對學校產品的印象，也就是學校產品的重新定位。換言之，策略的擬定以及執行是學校定位的主要工作，但真正定位的權力，則還是掌握在顧客的手中。

　　此外，學校還要體認到所謂的定位，通常是需要和競爭對手作比較才能得到的。很多時候產品定位的結果並不是你自己產品好壞的問題，或是你的產品在顧客印象中好壞的問題，而是顧客看待你的產品與其他競爭對手比較起來的好壞如何。因為，就算你自認產品品質非常好，而顧客也認為你的產品品質很不錯，但是，如果很不幸的他們發現你的競爭對手的產品超級無敵好，那麼在相同的價錢下，他們還是會去買你競爭對手的產品而不是你的產品。因此，了解各競爭對手間產品的差異，更是定位分析的一個重點。Sarvary & Elberse（2005）認為所謂的產品差異有垂直差異和水平差異兩種。如果大部分的顧客都認為 A 產品會比 B 產品好（例如：A 國小的教學品質比 B 國小好），那 A 產品和 B 產品就有垂直差異，這時如果兩種產品都賣一樣的價錢，那 B 產品除了傻瓜就沒人要買了。反之，如果 A 產品與 B 產品的不同無關品質，而是喜好上的不同（例如：A 國小的英文很強，但是 B 國小的數學很強），則有些人會買 A 產品，有些則會買 B 產品。對於一個以垂直差異作為市場區隔

的組織而言，應盡可能的了解顧客會為更高品質付出更高價錢的意願有多少，才能決定自己在產品和價錢上的定位；而對於想要以水平差異作為市場區隔的組織來說，則應該要非常注意顧客需求的變化，以隨時將自己的產品定位成他們最需要的產品。

## 二、市場定位步驟

首先學校需要先發展出一套定位的宣言。這宣言必需簡明的描述目標顧客的特性、產品或顧客目標的參考架構，肯定的告知我們產品比競爭者產品好在什麼地方，以及提供可以令人相信我們產品較好的證據。這個學校定位宣告是屬於學校內部行銷的一部分，是員工分享組織價值以及產生共識的根源。但同時這個宣告也是學校將來努力的目標，但是，這個目標成功與否的決定權卻是掌握在顧客手中，因此，學校必須要想方設法的讓顧客認同學校所宣告的品牌價值，甚至要去經營顧客的品牌聯想，亦即讓顧客再談到某一類的產品或品質時，就會聯想到我們學校（Ries and Trout, 2001）。例如：當美國人在討論小孩要上哪一所理工學校時，他們第一個想到的可能是麻省理工學院（MIT），而不是哈佛大學或耶魯大學。

接下來學校必須要進行定位分析以了解其定位的現況，也就是說要知道學校現在的定位是否對學校是有利的，與學校原本設定的定位是否一致，更重要的是要分析在目標顧客心目中的地位與競爭對手比較起來到底是如何。要得到這一個步驟的答案，通常有賴定位知覺圖的建立。

如果第二個步驟發現學校在目標市場潛在顧客心目中的定位與學校原先預定的定位相同，而且在與其他競爭對手比較下此定位是有利可圖的，那麼學校便需想辦法維持這個定位。但是，如果第二

個步驟的答案是否定的，也就是現在學校定位的結果並無法令人滿意，則學校便需要發展一些行銷策略來改變學校在目標顧客心目中的地位，也就是所謂的產品重新定位（product reposition）。

最後，定位分析不是做了一次就可以高枕無憂了。學校必須持續不斷的監控和評估產品的定位或重新定位的策略，隨時注意產品定位的情況是否出現了變化。如果發現組織的定位效果不佳或潛在顧客的需求出現了變化，那麼學校就必須發展新的定位策略了。

## 三、市場定位知覺圖

市場定位的方法很多，從最簡單的由消費者直接描述然後紀錄下來，到以各種高深的計算技巧將消費者對學校的認知用平面圖的方式表現出來的都有。大部分國外的行銷學者都非常推崇以認知地圖（perceptual map）來描述產品的市場定位，例如：對應分析大師 Greenacre（1994）就曾直言由於市場定位最主要的就是要看出各個競爭者在多變項的目標下的相對位置，因此，以對應分析來發展認知地圖將對組織的決策有非常大的助益。此外，Kotler, Jain, & Maesincee（2002）也認為認知地圖可以給人一目了然的感受，是定位時的最佳工具。因此以下我們試著以定位知覺地圖來說明如何發展定位策略。

首先我們模擬一個簡單的定位分析知覺圖。要製作這個圖非常簡單，只要在市場調查時請潛在顧客填寫每個學校所對應的價格與品質，以及各顧客他們一般消費習慣下的學校價格和品質便可以了。假設我們在圖上標出了 1、2、3、4 等四個族群的顧客，然後以圓圈所包含範圍的大小顯示各個族群的潛在顧客人數，最後再將幾個競爭學校 A、B、C、D、E、F、G、H 以及本校的品質與價

格所對應的位置便可以了。從這個圖中可以清楚的看出，競爭對手A 應該是招不到學生了，因為所有的潛在顧客的消費習慣與其相距甚遠。競爭對手 B、C、E、F 雖然鄰近最大規模的潛在顧客族群，但是由於競爭對手眾多，因此競爭必然激烈。那麼顧客對本校的定位是否有利呢？首先我們發現本校與原本走中高品質中價位的定位非常相近，因此符合原來的定位預期。且這個定位不但鄰近規模排名第二的學生族群 3 以及排名第三的學生族群 2，可以同時吸引這兩個族群的學生。雖然有 H 和 D 為主要市場競爭對手，但因為本校品質相較於 H 差異並不大，但價位低很多，更因為本校品質比 D 高而價位卻低於 D，因此應該比 H 和 D 更具吸引學生的競爭優勢；因此本校所在位置在整個競爭態勢中應該是屬於非常有利的。

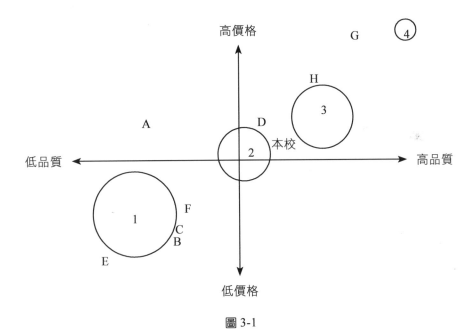

圖 3-1

　　但是有時候我們想要了解的卻是更為複雜的市場定位。以下引用 Ho and Hung（2007）針對台灣大學院校學生選擇教育行政類研究所的定位分析知覺圖來做解釋。這個研究先以層級分析法找出大學生選擇教育研究所最關心的決定因素以及各因素所占選校重要性的百分比，依重要性排序為畢業後工作機會（14.7%）、課程設計（13%）、學術名聲（10.6%）、教師素質（10.2%）、研究環境（8.7%）、生活機能（8.3%）、校友表現（6.1%）、入學考試難易度（5.4%）、入學考試科目（5.2%）、學校地點（5.0%）、畢業難易度（4.7%）、校園環境（3.4%）、學費高低（2.9%）、以及打工機會（2.0%）等十四個主要考量的因素，假設我們自己的學校以英文字母 A 來代表，那麼全國總共有 B、C、D、E、F、G、H、I、J、K 等大學設有教育行政類研究所。現在的問題是，我們學校在潛在顧客心目中在哪幾個方面較之其他競爭對手更容易發展出吸引學生的特色呢？這時候就可以用對應分析產生的定位知覺圖來幫助分析了。

　　從下圖中不難發現我們學校主要的優勢在於入學考試科目、以及入學難易度，但是很不幸的，這些因素對大學生擇校時的影響力都很小，也就是說我們學校 A 在潛在顧客中的定位並不理想，因此必須發展市場重新定位策略。那麼要往哪一個方向發展呢？雖然畢業後工作機會、課程設計、學術名聲、教師素質、研究環境都是學生非常重視的項目，但是似乎這些項目都被 G 和 H 兩個學校占盡先機了，最多只能當作遙遠未來的目標。當務之急，則可以盡量的去發展符合學生需要的課程設計。因為從課程設計的位置可以看出，現在沒有一所學校在這一方面有壓倒性的勝利，或是沒有任何一個學校有競爭優勢，但是這個因素卻又是學生最重視的因素之一，因此往課程設計這個方面去尋求發展機會應該會有利可圖。

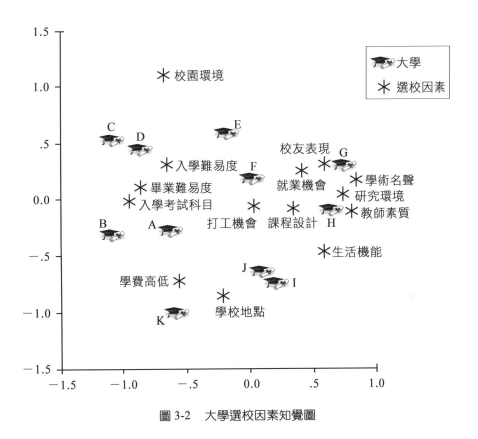

圖 3-2　大學選校因素知覺圖

魚跳到陸地上會乾死，鳥落到水底會淹死，
學校進到錯誤的市場裡會餓死。

# 第 4 章

## 產品策略

　　產品策略對行銷重不重要呢？當然重要。想想看，為什麼有些產品大舉廣告、大幅降價、大張旗鼓的到處設服務處，最後卻還是業績直直落，甚至關門大吉、血本無歸。但是有不少的產品卻可以賣得很囂張、生意做得很跩，顧客卻還是大排長龍。例如南部某間鴨肉專賣店，就只有上午開店，稍微晚一點去買就鐵門拉下，「歡迎下次早點來」。能這麼囂張這麼跩，常常都是因為產品太受歡迎。

　　產品策略是一切行銷策略的基礎，如果產品品質不佳、設計不良、或不能滿足顧客的需求，那麼就算其他的行銷策略做得再好，也很難吸引顧客上門。產品策略對學校行銷來說尤其重要，因為社會大眾常常會以更高的道德標準來檢視學校的各種活動，況且社會上對許多學校進行的行銷活動，尚存在著不小的疑慮。因此，產品策略便成為教育行銷策略組合中最基本、最安全、同時也是最重要的策略。

　　英國教育行銷學學者 David Pardey 就曾明白指出由於教育事業的主要產品是知識和課程，因此學校行銷產品策略的重點工作便是課程發展，或是各種課程的安排，希望能藉由高品質的學校課程來吸引學生和家長。此與現在教育界大力提倡的學校課程發展極為相似，因此所謂的學校行銷產品策略，其實或多或少已經在學校中付諸實施了，並且還獲得各界高度的認同，只是其所採用的名稱不是學校行銷產品策略，而是學校課程發展或學校經營管理罷了（Pardey, 1991）。為了能更加深入了解所謂的產品策略，本章將先借用產業界針對產品策略所發展出來的理論，來釐清產品策略的內容以及實施原則，然後再進一步深入的探討教育事業如何在實務上運用產品策略，來達成行銷的目的。

# 第一節　教育產品的組成

　　產品就是一整套能滿足消費者需求的利益組合，而任何一種產品都可以分成三個層次來討論：核心產品（core product）、實質產品（actual product）、以及延伸產品（augmented product）。

## 一、核心產品

　　核心產品是指顧客購買此產品真正的利益所在，也就是促成顧客購買行為背後的需求和欲望。當然這種學術性的解釋過於抽象，不但難念而且很難了解。為了響應政府的庶民經濟，在此提供一個日常生活實例來方便大家理解。就拿化妝品來說吧！潔白的乳液在晶瑩剔透的彩繪玻璃瓶中隱隱透著高雅的氣息，流線的造型激盪出幾許嫵媚的遐思，飄逸的淡淡幽香，親切美麗的服務人員，讓顧客無法抗拒那一股擁有「它」的莫名衝動，於是在半夢半醒、不知不覺中，錢就這麼流入店員的口袋裡了，而顧客也興高采烈、迫不及待的拿著這一瓶誘人花錢的化妝品回家美麗去了。

　　但是，以上所講的玻璃瓶、造型、添加的香料、親切的服務都不是這一瓶化妝品的核心產品，因為顧客購買這產品的真正目的並不是玻璃瓶、乳液、香料或服務，而是因為他們相信在購買並使用這產品以後，可以提升自己的美麗指數。如果他們在使用後發現皮膚變乾、變黑、變皺、變老或變成無藥可救，那麼乳液再怎麼潔白、玻璃再怎麼晶瑩、氣味再怎麼幽香、服務再怎麼親切，一切的一切都變成是一個天大的謊言。因此，消費者之所以購買化妝品，就是為了美麗，而公司要賣的就是幫助顧客達成美麗的那一份需要、慾望或衝動。

　　化妝品公司的核心產品是美麗，而汽車的主要核心產品是便捷，保險業賣的是安心，按摩院則是提供舒服給顧客。現在我們暫且將鏡頭拉回教育事業，學生付學費接受教育真正想要的不外乎是工作機會的提高、薪水的調升、以及增進知能，當然也有少數是為了打發時間、完成父母的心願、追男女朋友、或因為錢太多沒地方花才來上學的。由於不同的人對某一種產品會有不同的需求，也可能同時存在好幾個需求，因此核心產品的內容通常也未必只有一個。有一些行銷書籍指出產品策略只能從實質產品和延伸產品著手來規劃策略，卻甚少提及核心產品在行銷策略規劃的重要性，讓核心產品受盡了歧視和委屈。殊不知唯有了解核心產品的主要內容才能為企業產品品質的提升及產品創新找到發展的方向。

　　核心產品策略主要是了解顧客真正的需求和動機，然後規劃出學校產品未來的發展方向。核心產品本身並無法像實質產品和延伸產品一樣的獨立發展成一種行銷策略，卻是發展實質產品策略和延伸產品策略的基礎。因為不管是實質產品策略或延伸產品策略，一定要能夠確實反應顧客的需求才能奏效。例如許多進入研究所就讀的一般生主要是出於找不到工作的無奈，而其進入研究所固然是為了尋找畢業即失業的避風港，更希望能藉由較高的學歷以提升將來就業機會。了解這個動機後，就應該將這個學生唸研究所的主要動機發展成學校的核心產品，亦即學校必需改變以往研究所以純學術研究為主的發展路線，而改成以增進學生學術能力並兼顧學生職業訓練為主的辦學方向和理念，進一步將學校的實質產品（亦即學校的課程）設計成以幫助學生就業以及獲得高深知識的內容，最後再以各種延伸產品來提高對顧客的吸引力。

　　另一種核心產品策略則是要以行銷的宣傳手法，去改變顧客的需求和認知。也就是要透過對顧客的教育，讓顧客了解哪些需求對

他們才真正是有價值的。例如一些小學家長會極端地強調學生到學校上課就只是要學習知識，因此完全著重在學科的分數上。對於那些強調五育健全發展的學校來說，家長過度偏重學科的觀念不但不合乎教育理念，更可能影響到他們的招生成果。若這些學校能以宣傳的手法來教育，並說服家長五育並重對小學生的好處遠高於過度偏重學科考試成績，不但能因此提供家長更正確的教育知識，另一方面也可以因此招收到更多的學生。但是因為這種以改變顧客思想來吸引更多顧客的核心產品策略，往往會有道德層面的爭議，畢竟就算你所秉持的理念是源自於各種教育理論，但歷史上各種著名的教育理論卻也不時的被推翻，實在很難證明你的理念就一定比家長的理念更為正確，因此學校要使用這一類的核心產品策略時，一定要特別小心道德性的問題。

## 二、實質產品

接下來就要來探討什麼是實質產品了。就以剛才化妝品業的例子來說，實質產品就是花了大篇幅討論的香水包裝、玻璃瓶、以及瓶子裡的乳液等等「有形的」物質。由於核心產品是一個希望或概念，因此需要透過實質產品策略才能將此希望化為可交換的商品。以往在討論產品策略時多將實質產品稱為「有形產品（tangible products）」，因此有些人曾經質疑產品策略並不適用於服務業或教育界，因為服務業賣的產品是服務，而教育事業賣的則是知識，這些產品都是無形的，它們是摸不著、構不到的，因此這些拘泥於文字的學者們便獨斷的宣稱服務業或教育事業並沒有有形產品策略。還好，美國行銷大師 Kotler（1999）適時出現為服務業以及教育事業做了一番辯解，他指出服務業所提供的各種服務就是有形產品，

如果那些食古不化、沒事找事做的學者非要將有形產品侷限在看得見、摸得著的工業產物的話，那不妨將行銷中有形產品一詞改成為供應的東西（offering）。為了免去這許多名詞上的麻煩，本書在論述產品時，決定將有形產品一律稱為實質產品。但是不管用什麼名詞，服務業賣的實質產品就是他們的服務，例如一整套美容的療程或是讓人全身舒暢的按摩。

那麼教育的實質產品是什麼呢？從剛才的定義中我們了解到實質產品是顧客真正能感受到的產品，以工業產品來講主要是指那些看得到、摸得著的東西，而就學校而言，最主要的實質產品則是知識和課程、以及傳遞知識的師生互動過程。深入一點來說，教育的實質產品包含了課程的內容、課程的安排、使用的教科書、教學步驟、教學方法、師生互動、以及所有支援知識傳遞過程的教務、總務、學務、財政系統等等。由於課程是將知識和技能傳遞給顧客最主要的實體元素，因此我們在此將先以課程來代表學校的實質產品進行討論。

以實質產品為中心所擬定的行銷策略通常是一個中程或長程發展的策略，這是因為在教育領域中，實質產品最重要的是能夠發展出契合顧客需要的產品，而在教育上這就有賴課程的創新以及品質的提升。但是不管是創新課程或提升品質都需要較長的時間才能讓結果顯現出來，可是一旦成果顯現出來了，通常這得來不易的優勢是可以維持比較長久的時間。這主要是因為一個創新的課程或品質的提升通常需要學校各部門的配合，也唯有在各部門通力合作下創新課程才有可能成功。其他學校若要模仿當然也就需要涉及組織的改造，因此在執行上並不容易，也就需要比較長的時間才能模仿。況且，在其他學校模仿的同時，如果本校能以發展出的特色為基礎，進一步的精進特色課程的發展，則還是可以繼續維持領先的地

位。也因此，實質產品策略一直是學校產品策略最重要的部分。

## 三、延伸產品

　　延伸產品則是附加在一般實質產品以外的利益或服務。舉例來說，汽車業者就常常以延伸產品來作為其行銷的手段，通常一輛汽車賣出後，各種零件機具都會有一定保固期限，以及數次進場維修不收費的額外服務，甚至有些推銷員在賣出車子後還會免費教車主開車等等。此外，洗衣機附上的操作手冊、到府安裝的服務、或到府維修的服務等等，也都是延伸產品的實例。

　　那麼教育的延伸產品是什麼呢？教育的延伸產品主要是指依附在實質產品上而能讓顧客得到的額外利益，通常是抽象的利益。例如，進到哈佛大學就讀所帶給學生和家長的「感到很有面子」；或學校同儕都是企業的第二代，能因此為將來事業打上良好人際關係的基礎；又或者是完全中學或私立中學所擁有的暢通的直升管道，免去惱人的升學壓力；此外，還有學校學習的氣氛、風氣、和文化等等也都是屬於延伸產品的部分。只要你購買了學校的實質產品，你也同時會獲得這些延伸產品。

　　此外，有不少學者以較寬廣的角度來定義延伸產品，他們主張只要是未包含於主產品，卻又與主產品息息相關的附加利益都可以算是延伸產品，例如購買汽車時附加的分期付款，或是購買電鍋時附的食譜，以及購買電腦所提供的各種售後維修服務等等。如果以這個定義來看學校的延伸產品，則除了如剛剛所論述的學校名聲以及學校文化外，還包含了在主要課程或教學活動以外對學生的各種額外服務，例如學費減免、免費的營養午餐、學生上下學的接送服務、放學後免費的學業加強課程、以及對於校友的各種優惠等等都

是教育產業的延伸產品。

　　但是如此一來，我們卻可以很清楚的看出這個廣義的延伸產品策略其實與許多行銷 5P 中的定價、通路、甚至是推廣策略有重複論述的問題，例如學費減免就與促銷策略相仿，免費的課後輔導則與定價策略脫不了關係、而上下學接送服務更是學校通路策略的一環。於此，我必須再一次的強調到底哪些策略是歸於行銷策略 5P 中的哪一個 P 並不是一翻兩瞪眼的事，有些策略甚至與所有的 P 都有關聯，行銷策略組合之所以進行 5P 的分類只是為了討論的方便以及策略搜尋時能更為周延，但是在實務上則不應將重點放在哪一個策略非得要歸到哪一個 P 不可。否則現在常見的行銷策略組合有行銷 4P、5P、6P、7P、8P、12P，我甚至還可以另外發明一組何氏學校行銷 100P，裡面包含了 Peanut、Pig、Pen、Picture 等等 100 個 P 開頭的字，你該不會還堅持著要弄清楚這些 P 裡應該包含哪些行銷策略吧。

　　良好的延伸產品策略可以增強實質產品對顧客的吸引力，而在產品差異化不容易達成的地方或有緊急行銷需求的環境中，延伸產品策略往往是決定行銷成敗的關鍵。延伸產品策略也是最容易發展和執行的產品策略。舉例來說，某一所地處偏遠的國民小學，因為近年學區內出生率不斷的下降，以及學生不斷的流失到附近的學校，使其班級人數下降到被裁併校的邊緣。由於校內老師都不希望因裁併校而被調到其他學校，因此大家自動自發的加強其學校的行銷。他們很快的就制定出一些行銷策略，包含了由校長和教師到學區內進行地毯式的家庭訪問，以各種方式宣傳學校的優點，並由老師自掏腰包額外的提供學生免費的營養午餐，以吸引更多的學生來就讀。此外，更有幾位老師自願的提供其住家附近學生上下學的免費接送服務，更有幾位老師輪流對功課較為落後的學生給予免費的

課後輔導。很快的，在下年度的招生中，學生明顯成長了一些，也暫時免除了其遭到合併校的命運。

以這個例子來說，其所使用的產品策略主要便是延伸產品策略，因為他們是以提供許多額外的服務來吸引更多顧客。以延伸產品來作為主要行銷策略的好處是執行容易且立即見效，因為總有一些家長會對這些免費的服務動心。但是延伸產品策略的問題卻是使用的範圍有其侷限性，以及實施後容易引起模仿甚至報復的結果。首先由範圍來看，由於延伸產品強調的是「額外」的服務，當然這就需要「額外」的支出，因此除非學校非常有錢或是教師願意多犧牲奉獻，否則通常不是這個額外的利益沒有大到可以吸引學生到學校來就讀，就是能提供服務的時間非常短暫，或者是其所擁有的資源僅足夠鎖定某一部分客群，可能因此引起其他未被服務到的學生或家長的反彈。此外，學校以延伸產品策略來吸引或爭奪學生時，雖然容易執行，但也就表示這是一個其他學校也可以很快模仿的方法，當其他學校也跟進時，原本使用延伸產品策略的效益就會大打折扣，而在大家都普遍使用下，更可能演變成學校間的割喉戰，更何況大型學校通常會是割喉戰最後的勝利者。因此，除非學校已經到了生死存亡的關頭才會以延伸產品為主要的產品策略。此外，要實行延伸產品策略時也應該盡量的低調，避免過度刺激競爭對手。而更重要的則是，在一開始實施時就應抱著這是「暫時性策略」的打算，趁著喘一口氣的同時，應想方設法的儘速發展出有效的實質產品策略才是長治久安之計。

最後，以上雖然將產品策略分成延伸產品、實質產品、以及核心產品三種策略分開來討論，但是在實際運用上通常不能輕忽任何一種產品策略。核心產品策略主要在釐清顧客的真正需求，但是卻需要配合實質產品策略或延伸產品策略才能達到行銷的效果；而實

質產品策略和延伸產品策略若與顧客需求相悖離,那麼這些策略也很難有多大的功效。實質產品策略通常需要的發展時間較長,因此若要解決燃眉之急,則非得靠延伸產品策略不可。反觀延伸產品策略雖然方便使用且效果立見,但是其缺點卻是容易被模仿並可能造成惡性競爭,長遠之計卻還是要靠實質產品策略來達成。

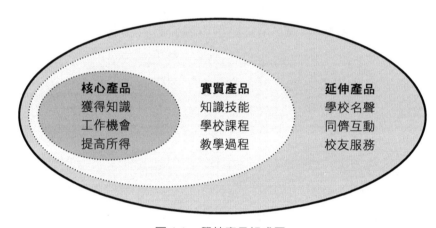

圖 4-1　學校產品組成圖

# 第二節　產品品質策略

所有人都知道產品越有特色賣得越好,有特色的產品一方面可以吸引顧客更多關愛的眼神,另一方面更能與競爭對手的產品做區隔,而避免一場慘絕人寰的削價廝殺或廣告大戰,也因此建立產品特色向來就是組織產品策略最重要的任務。建立特色主要可以從兩方面來著手,一是產品品質策略,另一個則是產品的創新策略。在這一節中,我們將先討論產品品質策略。

## 一、品質是什麼

品質就是在某幾項大家公認的評量標準上有著卓越的表現，例如跑得快、安全、美觀、舒適、功能多、售後服務是顧客在購買汽車時的主要衡量標準，因此如果在這幾方面有卓越表現的便是高品質的汽車。但是，同樣的產品在某些人心目中或許是高品質的產品，但是在其他人心目中卻可能是一文不值，例如剛從兩輪俱樂部（騎腳踏車或摩托車）轉投入四輪俱樂部（開汽車）的一般民眾會認為 Toyota 或 Mazda 的汽車已經是高品質的車子了，但是對開慣 Mercedes 或 BMW 車子的大老闆而言，他們就很難給 Toyota 太高的評價。一般來說，認為 Toyota 是好車的這些人也會認為 Mercedes 和 BMW 也是好車，甚至也會認為 Mercedes 的品質比 Toyota 更好一點也說不一定。但是如果你想吸引這些認為 Toyota 是好車的消費者來購買 BMW，那你可能會大失所望了，因為他們應該不會願意多花幾倍的錢去購買一輛「也是好車」或「更好一點的車」。因此，所謂的高品質的產品在行銷上應該是指在各個重要面向上能夠符合主要目標顧客群的期望和認知的產品。

## 二、品質降低策略

我之所以要這麼大費周章的來解釋品質，最主要是因為在許多成本較高的產業中，其品質策略不一定是如一般人所想的就是要提高品質，有時反而是要降低品質。因為在這些產業中提高品質通常會伴隨著成本的提高，成本提高後售價也不得不跟著提高，但是售價提高後可能就乏人問津了，這時提高品質對企業組織而言就不是什麼聰明的決定。「但是也不用到把原本的品質降低吧？」，有許多

人或許會問這麼樣一個問題。雖然我們希望產品品質永遠是越高越好，但是現實中許多企業組織有時卻不得不以降低品質來維持或增加組織的利潤，尤其是當適用現有價錢的目標顧客群因各種環境因素而減少時，這種品質降低策略似乎就變成是不可避免之惡了。例如當 M 型社會到來時，大部分的中產階級開始往下層移動，原本以吸引中產階級為主的產品如果繼續維持原有的價錢，就會因為客源的流失而乏人問津，因為這些由原中產階級所變成的新貧階級已經將以前價錢合理的日常用品視為是奢侈品了，而企業也只好降低售價以找回流失的客層。但是虧本的生意沒人做，企業不可能在成本不變的條件下不斷的降低售價，最後當然只好向環境低頭，以降低品質來節省成本，以便能以更低的售價找回流失的客源。

那麼學校會不會有這種降低品質以求生存的情形呢？從道德的角度來說不應該如此，我們也希望這種情形永遠不要發生，畢竟降低教育品質是違反大家所認同的教育理念的。但是，雖然我們相信沒有學校會願意以降低品質來苟延殘喘，但現實生活中卻又有太多不得已的情況。例如少數私立學校真的已經招收不到學生了，在經費極度匱乏的情況下，為了繼續生存下去，就只能以降低教師的薪資來節省開銷，乍看之下似乎只影響到老師的薪水，沒有影響到學生就學品質，但這卻可能因此造成教師士氣低落，或好的老師都跑光了，到頭來學生的教育品質還是很難不受影響。極少數的學校在招收不到學生的情況下，甚至以降低或減免學雜費及獎助學金等等的方式來吸引學生，卻因此使其辦學資源更形減少，而進一步降低教學品質，形成永無止境的惡性循環。

公立學校雖然有政府當靠山，但是近來台灣經濟情況大不如前，又碰上百年難得一見的金融海嘯，國家財政赤字不斷升高，當然對公立學校的補助也就跟著減少。許多公立學校在資源不足的情

況下，開始進行各種節衣縮食的任務。例如有些學校雖然擁有一流的設備，卻寧願讓這些設備閒置以節省編列不足的水電費，因而影響到學生的學習品質。我們當然希望在教育上這種降價求售的事情不要發生，但是如果有學校逼不得已非得要如此做才能維持學校的生存時（因為學校若接二連三的倒閉，對學生權益及社會安定的傷害更為嚴重），則建議盡可能的從與課堂教學關係較小的油漆、除草、交通等等事務上先行節省開銷，先避開與教學直接相關的經費支出，以免對教學品質造成太大的衝擊。

## 三、品質提升策略

降低產品的品質不管在商業界或教育界通常都是逼不得已的抉擇，其實所有組織嚮往的還是產品品質的提升，因為提升品質不但可以提升價格，更能藉由較高的品質特色擺脫競爭對手的死纏爛打。一般來說，要提升產品的品質可以藉由產品品質的改進、產品功能的改進、以及產品樣式的改進來達成。

### 1. 品質改進策略

品質改進通常牽涉到產品的舒適度以及耐久性的改良，通常這只是產品某些部分的改進，並且多是從使用的原料或服務的過程上來著手。例如汽車的座椅由老硬的塑膠皮改成柔軟透氣的小牛皮，烤漆由兩層改為三層，手把換成更為精緻美觀的造型等等。就教育而言，所謂的品質改進通常是指課程的修改以及設備或服務流程的改善，例如針對原有課程進行修訂、教室裝設冷氣、教學方法更為活潑、以及各種行政流程的簡化等等，希望藉由這些改善措施逐漸提昇學校的品質。

### 2. 功能改進策略

功能改進指的是產品的用途以及效能方面的提升，通常這涉及到對整個產品的重新設計或增加額外的用途。例如以手機來說，以前的黑金剛不但笨重又只能用來打電話，提升到現在的智慧型手機不但外型既酷又炫，並且輕薄短小好攜帶，更同時兼具打電話、照相機、隨身聽、上網、衛星導航（GPS）、個人數位助理（PDA）、甚至是電腦簡報筆或投影機等等的功能。由於功能的擴張或提升可以讓更多人更方便且更有效率的來使用這個產品，因此這一方面的提升通常都能帶給企業組織極大的利潤。對教育事業來說，功能改進策略通常指的是服務方向的擴張。以前研究所的設立主要是為了讓學生得到高深的知識，但是近來其功能除了原有的充實學生知識以外、更擴及到職業的訓練、各種國家考試能力的精進、以及人際關係的建立（如 EMBA）等等額外功能的加強，而同時提供越多功能的課程通常也就越容易受到學生的青睞。

### 3. 樣式改進策略

所謂的樣式改進最主要是指外觀、包裝、氣味或口味的改進，由於消費者在未深入了解產品的各種功能及品質時，通常是依靠其外表或包裝來加以判斷產品的好壞，因此契合消費者口味或喜好的樣式當然就有助於銷售的成長。但是，由於消費者的口味或喜好通常差異甚大，因此有時樣式的改進反而會造成消費者的反感。例如可口可樂曾在 1985 年改變了沿用將近一百年的配方而引起軒然大波，差一點動搖了可口可樂飲料一哥的地位，還好最後因應得宜而圓滿解決了危機。教育事業也是如此，學校環境以及建築常常是學生選擇學校的重點之一，但有時求好心切的改變反而會造成不可彌補的錯誤，例如有些國內的學校將古色古香的建築全部拆除，代之

以充滿現代化的建築，雖走上了現代化的路子，卻遭到重視學術文化傳統的學生及社區的唾棄（在國外通常會盡可能的保留住建築的外觀，但在建築物內的設備上翻修成最現代化的功能）。此外，許多學校標榜全部引進留學海外的師資並以此對外宣傳其堅強的師資陣容，強調其課程與社區或廠商的合作（以往已經都在做了），或是將課程的名稱從人事管理改為人力資源管理等等，其實也都是屬於包裝上的改進，因為課程的實質內容並沒有多大的變化，只是名稱或口號聽起來高深莫測許多。雖然樣式的改進與學生學習品質本身並沒有多大的關係，但是在競爭激烈且各校品質不相上下時，有時還是可以達到出奇制勝的效果。

# 第三節　產品創新策略

## 一、為什麼要創新產品

　　Godin（2003）所寫的紫牛一書是一本讓我拍案叫絕的好書，他不但成功的跳脫了呆版的行銷 4P、5P、6P、7P 或 8P，並且自創了行銷的另外一個 P，也就是紫色（purple）。為什麼是紫色呢？紫色和行銷怎麼會扯上關係呢？在此我不得不引用 Godin 的一些話來解釋紫牛的意義。假設牛欄裡有一大堆牛在吃草，你第一眼望去只會看到在一描藍的天空底下綠意盎然，草地上三五成群的牛低著頭哞哞的哼著歌，享受他們午間的養生素食大餐。對於來自城市的你來說，這些黑白相間的乳牛，以及他們的一舉一動很快的就深深吸引了你的注意。但是十分鐘過後，除非這群牛突然站起來跳個霹靂

舞，否則你應該會看膩了他們低頭吃草哞哞叫的樣子才對，而從此出現在你眼前的牛，不管是大牛或是小牛，公牛或母牛、甚至有沒有牛脾氣都不重要了，因為他們實在長得太像了，這些牛你幾乎都要視而不見了。但是，如果這時候有一頭紫色的牛出現，保證你會馬上眼睛一亮，立刻拿起你的數位相機轉到連續拍攝模式，狠狠地拍幾十張照片。而同樣的，在現代競爭對手林立的商業戰場中，平凡就是隱形，如果顧客看不到你的產品，當然也就不可能對你的產品產生任何興趣。因為在這個時代的消費者已經沒有什麼時間去選購他們所要的產品了，他們事實上也不太需要去選購，因為這個時代的各種產品的品質都已經達到一定的水準，此時唯一可以賣得出去又賣得好的，就只有那種讓顧客一見鍾情、一眼便可以看出是與眾不同的產品。

我們現在就將 Godin 的紫牛牽到學校來。當每一所學校都很注意自己產品的品質時，那麼校園環境優美、交通便利、教師用心、課程具有特色雖然都是構成一所好學校的要素，但是這對已經習慣於高品質教育的現代家長來說，做好這些工作似乎都已經變成是理所當然的了，他們不會因此而告訴別人你的學校很好，因為大部分的學校也都這麼好，沒什麼特別的。就好像一頭黑白相間的乳牛如果混在一群水牛群中看起來會很漂亮，但是當所有的牛都是黑白相間時，這些牛就很難以黑白相間來引起別人的注意力了。那麼要怎麼辦呢？紫牛是個解決方法，但是我們應該不至於想要把整個學校都漆上紫色吧！（不過在現實生活中，美國紐約大學還真的是以紫色為其代表顏色）。要在一大群好學校中脫穎而出，就只能「比好還要更好」，這當然就有賴產品的創新了。

# 二、如何創新產品

產品要如何創新呢？Kotler 一再的告誡我們，只有重視消費者的需要以及利益才有可能創造出受歡迎的新產品。以往的組織都把重心放在自己企業生產出來的產品，他們要了解新產品的各種新功能可以帶給消費者哪些的驚喜，卻很少真正去了解消費者想要什麼東西，因此創新的舉動常常停滯不前，甚至走錯了路。因此，我將借用 Kotler, Jain, & Maesincee（2002）所提出的一些對顧客利益的新思維來發展產品創新的方法：

## 1. 從解決問題到滿足需求

要將原本以解決問題為基礎的產品創新，轉換成以顧客真正想要的結果為基礎的產品創新。我們先以醫療系統來做說明。大部分醫院都是設立來治療疾病的，但是其實病患真正想要的是健康而不只是疾病的治療，因此不管醫院多麼努力的改進其醫療技術，其最好的結果也只是醫治好了疾病，但這卻不等於給了病患最渴望的健康，而健康也不一定要到醫院治病才能夠得到。因此，我們的醫療體系若要繼續進步，就不應該只是侷限在解決病患生病的問題上，而應該從如何增進病患的健康去著想，去發展能增進健康的各種方法。同樣的道理，消費者要的是悅耳的聲音甚至是心靈的感動，而不是什麼高級音響；要的是節省交通上所花費的時間，而不是要一輛保時捷；要的是美麗，而不是昂貴的化妝品。因此，廠商如果一味的想要做出更高級的音響、造出速度更快的保時捷、或是找出更有效的化妝品配方都只是在原本的產品上打轉，這樣是找不出真正創新且契合消費者需要的革命性產品的。難道美麗一定要化妝品才行嗎？發明某種增進健康的生活方式或是提升快樂指數的療程搞不

好對美麗的容顏還更有幫助呢！以往公司高級主管多要奔波各處去視察和開會，因此節省交通時間對他們就非常重要，但是節省交通時間卻不一定要靠保時捷或噴射機，現代人都知道網路視訊就可以節省大部分為了到處開會所造成的舟車勞頓，視訊會議這東西在幾年前正是以一種完全不同於汽車或飛機的創新產品的態勢出現的。因此，要真正能夠創新，必須要靠對消費者真正需求或動機的了解，也就是需要從核心產品上來著手，而不能只是依靠對實質產品的微幅調整或對延伸產品的金錢投資就可以達成的。

學校要發展能夠吸引學生的長久特色，就應該要了解學生及家長購買學校產品的真正需求是什麼，以免生產了一堆叫好不叫座的地方特色課程，雖然獲得少數家長或政府的掌聲，卻得不到家長的青睞，最後還是只有向命運低頭，走向裁併校的結局。這在台灣近幾年內已經出現了太多太多的案例了。學生來學校上課不是為了看老師在講台上口沫橫飛，也不是為了可以釣青蛙或看烏龜，而是為了能夠吸收知識或增進工作機會，因此在各方面的安排上，都應以此作為發展課程特色的基礎。例如，曾經就有學校推出工作保證班，結果不止保證了學生的工作機會，同時也保證了學校的招生命脈，因為這特色正是大部分的學生與家長夢寐以求的。

### 2. 從產品效能到顧客經驗

以往企業界的行銷都只是著重在我們的產品可以達到哪些的效能標準，例如汽車每小時可以跑到 350 公里，瞬間加速達到一百公里只需要六秒鐘，然後大家就一致的認為這就是一部好車。某一家餐廳不但菜色多，而且「俗又大碗，好吃又不會趕」，於是大家覺得這是一家不錯的餐廳。某一間幼稚園，學生不但彬彬有禮，而且學業成績不管是在哪一個科目都出類拔萃，於是大家說這是一間好

學校。但是,那是以前的衡量標準了,現代的社會不再只是用一般人眼中的標準來衡量各種產品的好壞,更重要的卻是個別顧客的使用經驗。例如速度很快的車子可能會有不少人嫌他座椅太硬、底盤太低或方向盤過重;而俗又大碗的餐廳可能會有不少人嫌他服務太慢或環境太吵;而以道德及學業教育出色的幼稚園可能會遭到許多家長嫌棄其缺乏足夠的室外活動。但是重視顧客的經驗就不同了,要讓顧客有好的經驗就必須在整個服務的流程上都下功夫才行,並且很多時候還需要考慮不同顧客可能會有完全不同的需求。例如美國第一大租車公司 Herz 所強調的租車經驗、床墊公司 Select Comfort 主張的睡眠經驗等等就是希望能以突破傳統的產品效能導向轉成顧客經驗導向。我在紐約就常會租用 Herz 的汽車,因為從 Herz 租到的不只是車子,還有安心。除了所租到的車子都是一年內的新車外,每次歸還車子的時候,裡面的員工一定會問我這次租車的經驗如何,有沒有什麼需要改進的地方。當然這不只是耍耍嘴皮子的工作,因為如果你這次有了什麼建議,下次租車的時候通常你會發現他們已經盡可能的把你的問題解決了,甚至在你租車的時候主動的告訴你不會再有那個問題發生。Herz 重視顧客經驗,因為他們知道他們的車子已經是所有租車公司中品質最好的,但是光是好的車子未必可以給顧客一個好的租車經驗,真正好的經驗必須從顧客一開始有租車的念頭就要開始經營了,是否有足夠的租車資訊供顧客參考,資訊取得是否方便,顧客租車的方法是否便利,租車的流程是否順遂,車子是否合用,還車的手續是否簡便等等,只要任何一個環節出了問題,顧客就不會有一個好的經驗,那時就算你有性能再好的車子,下一次他們要租車時,還是會轉向租車第二品牌的 AVIS 或甚至 NATIONAL 去了。

　　學校的產品也是這樣,不能再像以前只重視產品可以有多麼驚

人的效能，整體升學率有多高等等冷冰冰的數字，而應該同時重視每個學生在使用我們的產品後，會有什麼樣的成就。一套好的課程不一定就可以教好每一個人，這套好的課程也未必是最好的，因此學校必須要去了解學生在學習這套課程的所有經驗，他們對這套課程的總評價如何？他們在學習過程中的各步驟有沒有什麼不滿意的地方？有沒有哪個步驟會因個人因素而有天南地北的經驗差異？如果有的話，可不可能在這些有差異的步驟上細分成幾個不同的學習方式？當然學校也不可能在所有學生感到不滿意的部分都立刻進行完全的改革，畢竟學校還是有許多人力物力的限制，但是至少學校必須盡力去掌握所有人的學習經驗，並且要有嘗試改進的決心。

記得十幾年前我到美國紐澤西州一所被公認非常成功的另類學校（alternative school）參訪時，我們發現這所學校竟然能將許多原本在其他學校被放棄了的學生教好。當然師生間或學生間零星的衝突或口角還是會發生，但是大部分原本具有暴力傾向的學生或根本不想唸書的學生在這所學校中不但學會守規矩，並且各自發展出一兩項具有特色的個人專長，大部分學生更能順利的從學校畢業。於是我們很好奇的問學校校長到底是用了什麼方法來改變這些小孩子，他們想了很久，還彼此討論了一下，最後誠實的回答我們：「請別問我們到底做了什麼，因為我們也說不清楚，總之傳統的教學方法似乎在這裡是不管用的，因此我們會想盡辦法另覓生路，並且開會討論各種新方法的可行性。但是只要讓我們知道了有那麼一點可能性是會對學生學習有幫助的事，我們都願意去嘗試。」

### 3. 從大眾化到客製化

行銷學的歷史演變是由重視生產理念轉變成重視推銷理念，然後再轉變成行銷理念。而在行銷理念的階段，企業組織已經不再只

顧著生產很多的產品或是生產自以為很好的產品然後大聲呼籲消費者來買，而是會先考慮消費者最需要什麼，再去設計出契合這些需要的產品來銷售給消費者。但是這畢竟只是理論的演進，在現實生活中，就算到了現代行銷學蓬勃發展的階段，許多企業還是擺脫不了以生產理念為主的行銷概念，在全力生產更多或自認為更好的產品後才叫消費者來買。那麼什麼是以投入的概念來生產產品呢？其實就是要在產品的生產過程中加入消費者的投入與參與，由消費者來設計或甚至是生產出他們所要的個人化產品。例如 IKEA 就是要讓消費者能從昂貴的名牌傢俱裡跳脫出來，而能以合理的價錢設計並組合出自己風格的室內裝潢。而美國知名的平價衣服品牌 GAP.com（很像台灣的 Hang Tang）更提供給顧客設計出自己喜歡的衣服的機會。這股風潮其實延伸甚廣，現在很多昂貴的傢俱或汽車也都有讓顧客自己設計的機會了，例如羅浮賓士傢俱店裡的沙發便可以直接用電腦連線選擇沙發的形狀、顏色等等，然後再由德國總公司依照顧客選擇的條件來製造出完全屬於客戶風格的沙發；甚至連賓士車現在也開始有了一些允許顧客決定外型的選擇了。

　　教育是否也可以走這樣的路線呢？其實我們已經漸漸的往這一方面在走了，例如選課便是一種客製化的應用，學生可以依照自己的需要來選修課程，而不用所有的人都修習一樣的課程，並且現在有許多教師在學期一開始時，也都會先和學生討論學期上課的方式及課程的內容，使課程更契合學生的需要。有些學生喜歡自然科學，有些學生精通算數，有些學生擅長音樂，更何況每一個學生的智力條件、經濟背景、先備知識等等都是天差地遠，似乎我們沒有任何理由要他們學習我們所設計出來完全一樣的東西。但是這是否意味著從小就要分流呢？我們國家現在不是在倡導延後分流嗎？不錯，但是客製化卻不見得要分流，分流備受爭議是起因於不是職業

類科就是普通類科，不是這個就是那個，一番兩瞪眼的事。但是客製化卻可循序漸進，例如在小學時候有少數幾個時段可以讓學生選修，當學生的年齡越大時，則選修的節數會越多，到研究所時就應該要以選修的課目為主了。此外，教育比起其他產業更需要客製化，這是因為教育的成果有很大的一部分是決定在學生的治學態度，所謂的「師父領進門，修行在個人」，如果學生不願投入，如果學生對學校開設的許多課程完全沒興趣，那麼再好的師資、再好的學習環境都無法有令人滿意的結果。

是不是所有的創新產品或品質的提升都可以讓企業組織或是學校獲利呢？當然不是。Pride & Ferrell（1985）就指出大約有百分之三十三上市的創新產品最後失敗了，而之所以無法成功的主要原因是在創新的一開始就沒有進行任何相關的市場調查，以致所創新的產品並不能滿足顧客需求。而產品技術問題、產品上市時機不對則是另外兩個較常見的失敗原因。此外，如果組織創新的產品是別人已經有的產品，也就是所謂的「我也是」（me too）產品的話，那麼通常成功的機會就更小了。事實上一個創新的產品要能夠為組織帶來利潤，需要在創新動作一開始便進行各種相關的市場調查，以確保創新產品能真正契合顧客的需要，這在一開始時我已經說得很清楚了。但不容否認的是，所有的創新都有風險，甚至進行創新產品市場調查也只能降低風險而已，因為既然是一項全新的產品，那麼消費者如何知道這產品真的可以帶給他們什麼利益呢？他們也是靠猜測罷了。對於創新的教育產品尤其如此，因為教育產品通常需要很長一段時間才會知道效果如何。難怪有人戲稱如果愛迪生在發明電燈之前先做了市場調查，他會改變主意的去發明超大型的蠟燭。雖然這只是個笑話，但是也道出了市場調查的侷限。

況且，不論是完全創新的產品還是品質提升的產品，都要考慮

到組織是否有足夠的人力資源以及物力資源來開發此創新的產品或提升產品品質。然後還要考慮產品創新或品質提升的定價問題,如果成本過高,就算組織有能力應付,目標消費者是否也有能力以及是否有意願花較高的價錢來購買新產品或好產品呢?如果這其中有任何一個步驟的答案是否定的,或是不確定的,那麼企業組織或學校就應該停止這項產品的開發或改進計畫,重新開發另一個更有機會的藍海。

## 三、發展學校特色

我每次在研究所講授學校創新產品的時候,總會有許多的在職教師或校長問我發展學校特色的問題,他們尤其對如何以特色課程來吸引學生提出許多的質疑,因此我特別在這裡深入的探討學校所發展的特色課程。

在九年一貫課程以及學校本位課程的推動下,台灣中、小學近幾年來如火如荼的展開了學校課程特色發展的風潮,於是有許多學校發展出了學習步道、生態池、甚至配合其環境發展出了許許多多的環境教育課程,於是大家都宣稱自己的課程是融入當地環境的特色課程。有不少學生很納悶為什麼施行學校本位管理或本位課程就要發展地方特色呢?說實在的,我也同樣的納悶。我在美國哥倫比亞大學學習學校本位管理七年,就從沒聽說過學校本位課程「一定要」學校發展出什麼結合當地環境的特色課程。學校本位課程的推行主要是在檢討由中央所規定的一套制式的課程,卻要所有異質性很高的學校都同樣去實施,而造成某些統一的課程內容不適合當地學生的情況。因此,學校可以針對這些不適合的課程進行調整,使學校課程更貼近於當地學生的需要。但是,如果這些課程沒有特別

的牴觸學校教育環境的需求，學校並不需要去改變課程內容。有時是需要調整，但是這個調整通常只是上課時間的延長或縮短，或某些內容的微幅調整而已，而不是說學校一定要找一個科目來變成其特色課程，更不是一定要所有學校都發展出什麼結合當地特色的課程。當然，如果學校有足夠的資源，教師也有意願，學校在校本課程實施後被賦予一定的權力去發展他們所認為對學生更好的一套課程，但絕不是強迫所有學校都要去發展與眾不同的特色課程，尤其沒有強行規定學校要發展結合當地遊學特色的課程。

還有許多學生會問我：「小學教育不是要五育並重嗎？為什麼一定要發展什麼特色呢？發展了某一個特色不就沒有五育並重了嗎？」我對這個問題有兩個解答。首先學校發展特色並不表示不重視五育並重，這就好像我們買冷氣時會說哪個品牌最省電、哪個品牌最安靜、哪個品牌最冷，但是省電的品牌不表示它就不會冷或不安靜，只是它在省電這個項目上出類拔萃。而學校產品也是如此，我們說哪一所學校的特色是英語教育並不表示這所學校只有上英文課，或是除了英文其他科目都很差。我們說這所學校有英語特色指的是這所學校的英語項目比起其他學校是出類拔萃的，但其他項目也可以有一定的水準。因此學校發展特色並不會影響五育並重的要求。

另一個答案是，某些學校的特色就是沒有特色。當然這裡所謂的沒有特色指的是沒有一個很出類拔萃的科目作為這學校的特色。那這所學校如何以特色課程來進行行銷活動呢？如果這所學校所有的科目都比別人強，雖然它沒有一個特別強的科目，但是各科目的高品質就是它的特色，台灣建國中學或北一女的特色大概就屬這類吧！通常我們將科目的特色稱為水平特色或水平差異化，指的是有一個或數個出類拔萃的特色科目；而稱品質的特色稱為垂直特色

或垂直差異化,指的是學校整體的品質。就教育行銷來說,不管是水平特色或垂直特色,只要這特色是家長或學生所追求的,其實都是吸引學生的利器。當然,一個學校也可以兼具水平特色和垂直特色,例如台灣大學的各個科目都是全國公認品質非常高的學校,而其醫學院更是出類拔萃,讓所有其他學校望塵莫及。

最後,如果學校想要靠發展特色來提升行銷績效,那麼這個特色必須是顧客所需要的特色。台灣許多學校發展了千奇百怪的特色,以為這樣就可以吸引學生,卻往往得到反效果。例如有些學校創建了一個生態池,裡面養了幾隻青蛙呱呱呱,然後就說他們學校發展了生態特色。又如某一所學校周圍都是栽種胡瓜的農戶,因此就發展胡瓜生態特色,但是卻遭到家長的唾棄,因為種植胡瓜的家長認為種田是吃力不討好的工作,總希望其子弟能靠讀書出人頭地,現在學校卻又一味的要發展與胡瓜有關的特色課程,自然造成學校與家長的衝突。學校發展的特色或許是其他學校所沒有的,但是如果這個特色並不是其主要顧客 — 學生或家長所想要的,那麼這個特色對行銷而言就沒有幫助。因此,講到學校特色或是產品的創新時,一定要反覆的確認此創新是顧客所能認同,甚至是要能夠反映顧客需求並進而能激起顧客購買慾望的創新及特色。

# 第四節　產品的生命週期

任何產品都有他的生命週期,不只產業界的產品如此,教育界的產品也都有他的生命週期。一般我們將產品的生命週期分成四個階段:引入期(introduction)、成長期(growth)、成熟期(maturity)、和衰退期(decline)。雖然分成了四個時期,但是並

不是每個產品都一定會經過這四個時期，有些產品的新生命可能在出生後都還沒來得及長大就夭折了，有些產品則幾乎是長生不死的永遠年輕有活力。但是，無論如何，對一個行銷者而言，了解產品的生命週期會有助於對於產品組合策略（product mix strategy）的規劃。那什麼是產品組合策略呢？大部分的企業都會有不只一樣的產品而已，而一個公司所擁有的所有不一樣的產品就是產品組合。但是企業的資源總是有限的，不可能將資金挹注到所有的產品，因此企業就有必要了解其所有產品各自的生命週期，以決定何時將資金抽離出某一樣產品以減少損失（例如即將進入或已經進入衰退期的產品），何時候該挹注資金去發展新生的產品以確保其能在競爭的環境中成長茁壯而不致夭折（例如剛進入成長期的產品），這種企業產品的汰舊換新或新陳代謝就是產品組合策略。若以產品各生命週期而言，大致可將其特色描述如下：

　　導入期的產品通常需要較多的資金來發展，因此這時期的產品通常成本會比較高，又因為其剛開始導入，一般顧客可能還未注意到其存在，因此利潤通常不高，而使這種產品呈現出虧損的狀態。但是此時的競爭對手不多，因此如果企業認為這產品以後可以長大成人並且光宗耀祖，那就應該要挹注資金到這個產品上，以創造下一個光輝燦爛的明天。

　　成長期的產品一方面因為產量增加會在規模經濟的效果下節省單位成本，另一方面則是因為對產品生產流程的熟悉而減少學習成本的支出，更由於顧客的增加以及產品逐漸成熟下使產品的品質有機會漸漸提升而可以增加所得的利潤。這時外來的競爭者看到有大餅可以吃了，當然會搶破頭的要擠進這個市場，因此競爭的激烈程度也會隨著利潤的成長而急速的增加。這時企業組織一定要加把勁搶占一哥的位子，如此才能領先其他競爭對手以獲得最大的勝利。

　　成熟期的產品由於技術繼續的提升以及產量維持在可觀的數量，因此成本越形降低。而此時顧客的數量達到高峰，使其利潤相對的提高。這時的競爭對手呈現穩定的狀態，該進到市場來的都進來了，還沒進來的也不敢再進來了，因此這時候就是企業要盡量去獲利的時候，以利潤最大化為經營目標。

　　衰退期的產品雖然成本較低，但是利潤卻也一日不如一日，有些競爭者漸漸發現無利可圖而轉戰其他市場去了，因此競爭已不再激烈了（但若退出門檻甚高，則競爭的激烈程度將越形嚴重）。這時組織就要去決定苟延殘喘到何時，因為最後終究是要獲利了結，退出市場的。找出退場最好的時機點還可以賺盡此產品的最後一毛錢，不會因臥病在床過久而招致虧損。提早退出也才有資金投資到其他成長中的產品，以免錯失投資的良機，使新的產品「輸在生命的起跑點上。」

　　那麼教育有沒有什麼產品組合呢？當然有了。各大學有不同的學院、不同的系所，某些系所是當紅炸子雞，而某些系所卻已是日暮秋山，大去之期不遠矣。就以教育科系來說，這幾年輔導學系蓬勃發展，報考人數年年升高，但是小學教育學程卻乏人問津，許多私立大學都開始關掉這些學程了。此外，高中職的產品組合也很複雜，以高職來說便可能有汽修科、美容科、餐飲科、觀光科、商管科等等，若以產品生命週期而言，汽修科已經漸漸走進衰退期了，而餐飲科則還在成熟期的階段，觀光科系或一些新興的科系如模特兒科系等等現在則正處於導入期或成長期而已。

　　而高中也有分自然組以及社會組，更有甚者，許多私立學校根本就同時包含了高中部、高職部、國中部、綜合高中部等等，其產品組合之複雜可能與一般人想像的高中職有很大的出入。就算小學也會有不同的才藝班級或特色課程，因此，學校當然也需要知道各

產品的生命週期，了解哪些應該要加強投資，哪些可能必須面對減班、轉型或甚至終結的命運。對於退場時間的拿捏將會影響這學校在這產品到底是應該獲利了結還是認賠殺出，若能事先預知某課程或學制將不可避免的走入歷史，那學校就必須盡速獲利了結，若硬撐到虧本才規劃課程的結束，通常就必須付出結束課程所帶來的慘重損失。

> 鄉下的學生不一定要會種菜才能生活，
> 山上的學生也不一定要會砍樹才能生存
> 要學生邊種菜邊唸課文，很有創意，沒有利益
> 要學生邊砍樹邊寫作業，那是特技，不是特色

# 第 5 章

---

# 定價策略

　　學校行銷的定價策略便是要學校為其所提供的服務訂定一個合適的售價，並隨時檢視收益的情況來調整學雜費。但是，很多人聽到學校要調整學費就開始焦躁起來了。清高的學校怎麼可以凡事向錢看齊呢？總不能要求家長和學生事事都要提錢來見吧！尤其當定價的結果是要調漲學費時，更會引起如排山倒海的民怨，「學校又要來 A 錢了！」「這些銅臭味的學店真是唯利是圖，總要趁著註冊時大撈一筆，學店在搶錢啊！」因此，學校行銷的定價策略也就不得不在這動輒得咎的詭譎氣氛中戰戰兢兢的秘密進行，但這卻又要被批評為黑箱作業，認為學校在背後不知又在玩什麼把戲耍什麼心機了。

　　可是學校真的有這麼可惡嗎？清高的教育難道就不能談錢嗎？學費永遠都不能調漲嗎？當然不是，畢竟錢雖非萬能，可是沒有錢卻萬萬不能，就算清高如學校也必須要向金錢低頭。聘用校長、主任、教師和工友要錢、學校建築要錢、整理維護要錢、圖書及設備要錢、水電衛生要錢、辦理活動要錢、粉筆板擦清潔用具都要錢，你又如何去要求一個沒錢的學校能提供高品質的教育呢？就連至聖先師孔老夫子也要依靠學生的束脩才能過活吧！

　　更何況，學校不能也不敢過度的調高學雜費而不去考慮家長和學生的感受，因為如果學雜費訂得太高，嚇跑了學生和家長，不用多久，這間學校就只能關門大吉了。因此，學校非常需要一套可以隨時調整的定價策略，一方面可以保障學校得到合理的利潤，另一方面則須讓顧客有「物超所值」的感覺，以獲得更多顧客的支持。因此，定價策略絕不是要學校事事向錢看齊，也不是要學校與顧客站在對立的兩方拼個你死我活；相反的，學校的定價策略必須是要建立在學生與學校雙贏的前提下才能有所成效。

　　當然，我們也必須承認，義務教育階段的公立學校在定價策略

上較少有發揮的空間。雖然付出較少的成本去追求最大的利益是各行各業生存的基本原則,但是由於義務教育在本質上是一種公共服務而非如一般產業界或企業界的以營利為主要目的,政府對此階段教育產品的價格當然就有詳細且嚴格的規定,以致於產業界最常運用的許多定價策略,對義務教育體系的國民中小學而言並不完全適用。只有私立學校或其他義務教育階段以外的公立教育機構可以在定價策略上有所表現。此外,不管是不是義務教育,由於大部分的學校多是非營利組織,除了必須考慮到獲得合理利潤以維持學校運作外,更需顧及大部分學生的負擔能力。因此,學校行銷的定價策略的主要目標,除了如產業界的訂定雙贏的價格外,更須擴大到如何進一步的來降低學生的教育成本,而這就又包含了為學生爭取各種補助、減免相關的教育費用、提供學生額外收入的機會、以及學校募款策略以減輕學生負擔。

# 第一節 定價原理

「有錢能使鬼推磨」是句老生常談,但卻傳神的把錢的用處形容得淋漓盡致。不錯,我們都知道錢很重要,想想看有多少次在百貨公司的架子上看到精美的高檔貨,不但眼睛發直,甚至連口水都要流下來了,但是在經過一番精打細算以及緊接而來的天人交戰後,終於還是淚眼汪汪的買不下手的慘痛經驗。而當你的朋友一通電話進來:「快起床了,今天 GOGO 百貨 F 開頭的那家鞋店打三折。」你的下一步動作將是「衝啊!不然要被買光了。」不錯,價錢就是這麼的厲害,它不只能讓鬼推磨,還可以改變幾乎所有人的生活習慣。但是,百貨公司裡 F 牌的鞋子價格是怎麼定出來的呢?為

什麼要打折呢？可以打多少的折扣呢？我們現在就要一步一步的來解開價格的神秘面紗。

　　當然，通常在這個時候會有人要問：「定價策略是不是需要用到很多計算呢？ 我是個數學白癡耶。」的確，定價策略會涉及到不少數學的計算，而每次我在研究所上課時要開始講授價格理論時，總會向學生提出這個警告，因為要學習定價策略是需要先了解一些基礎的統計、會計、和經濟知識。但是由於統計在學過後就通通忘記、會計學完後就快快忘記、而經濟在學成後也會經常忘記，所以在講解訂價策略之前，我都會不厭其煩的先以最淺顯易懂的方式再幫他們複習一下這些先備知識，以確保學生到時不會「鴨子聽雷」。因此在本章一開始，我還是如法炮製的先以最淺顯的方式讓大家了解定價策略背後的一些理論基礎。

## 一、價量平衡

　　產品的價格要怎麼定才最有利呢？企業組織當然希望價格越高越好，但是精明的消費者卻希望價格越低越好，結果他們都找上了政府，希望能夠訂出一套對自己最有利的價格。於是消費者就跟政府要脅說「現在物價太高，我快活不下去了，你不出面促使廠商降價，下次就沒你的選票。」但是就在這同時，廠商也對政府說：「你讓我們無利可圖的話，我們就用腳投票，出走到其他的國家去。到時候整個國家的經濟就一敗塗地，你也一定會因此被人民推翻。」可憐的政府這下子可真是一個頭兩個大了，廠商與消費者都不能得罪，絞盡了腦汁敲破了頭還是沒有答案。幸好，這時江湖中出現了一個叫做 Adam Smith 的年輕人，他要求政府最好什麼事都不要管，一切由他來負責，因為最近他學會了一招失傳多年的「看不見的

手」（當然這本書不是恐怖小說，這隻手也不會無端跑出來害人），這隻手會自動的出面去拍拍廠商與消費者的肩膀，請他們共同把產品的價格拉到一個雙方都可以接受的平衡點。如果哪一方不遵守規矩的任意調高或殺低價錢，這隻看不見的手就會使調高價錢的廠商賣不出產品，也會讓砍殺價錢的買方搶破了頭還買不到東西，然後輕輕鬆鬆的把價格拉回到一個雙方都能接受的平衡點。

　　現在我們用科學的角度來看看那隻看不見的手。我們以前已經提過市場就是想賣東西的人以及想買東西的人進行交易的地點，而不管是想賣東西或是想買東西的人都會因價格的波動而影響到他們賣出或購買的意願。例如當牛奶的價格飆高時，就會有更多的人逼著乳牛用盡力氣去生產更多的牛奶，甚至連小牛要喝的份量都會被殘酷的拿去市場賣掉；但是當牛奶的價格大跌時，乳牛就被打入冷宮了，因為賣出牛奶也沒什麼利潤可圖，當然這時小牛也可以吃飽了。這種因價格提高而使供給量跟著提高，因價格降低而使供給量跟著降低的規律現象，在經濟學上就稱為供給法則（law of supply），而通常在圖形上看到的便是一條往右上角傾斜的曲線，稱為供給曲線（curve of supply），以 S 這個英文字母來表示（通常在畫圖形時會為了方便理解和計算而用直線來代替曲線）。

　　另外，從消費者的角度來看，當牛奶價格飆高時，消費者寧願渴死也不喝牛奶，這時牛奶的需求量自然就會下降；但是當牛奶的價格慘跌時，消費者在口渴的時候想到要喝的可能是牛奶而不是水（許多國家的礦泉水比牛奶還貴），因此需求量就大幅增加，而價格也就漸漸往上爬。這種因

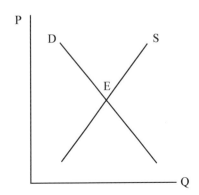

為價格上升而使需求量下降，或因為價格下降使需求量上升的規律
現象，就是轟動武林、驚動萬教的需求法則了（law of demand），
在圖形上是一條往右下傾斜的曲線，我們稱之為需求曲線（curve of
demand），以 D 來表示。供給曲線與需求曲線交會的地方就是所謂
的供需平衡點（equilibrium），以 E 來表示。

　　當價格高於平衡點的時候，這時供給的量會比需求的量多，形
成所謂的超額供給（surplus supply），此時大部分的牛奶會賣不出
去，而當牧場的冰箱都裝滿了牛奶且每隻小牛都吃撐了肚皮甚至吃
到拉肚子後，牧場老闆也只好無奈的以降價來刺激買氣，於是價格
又回到了平衡點。同樣的，如果價格過低，需求的量大於供給的量
時，就稱為超額需求（surplus demand），這時消費者想要買牛奶卻
買不到，於是在供不應求的情況下，牛奶的價格自然就升高而又回
到平衡點了。這個將過高的價格往下拉和過低的價格往上拉的力量
就是所謂的市場機能（market mechanism），也就是 Adam Smith 帶
給全世界的那隻「看不見的手」（invisible hand）。

　　有了這麼一個基本概念以後，我們現在再稍微修正一下剛剛所
說的供給法則，因為「價格升高則供給的量也會升高，價格降低則
供給量也會降低。」這樣的描述其實還不完整，更完整一點的描述
應該是「當其他的情況維持不變時，價格升高時有意願且有能力供
給的量也會隨著升高，而價格降低時有意願且有能力供給的量也會
跟著降低。」「有意願」表示不一定要已經真正去供給過了才算，只
要是有意願去供給，並且也具有供給的能力就可以了。但是更重要
的是「當其他情況不變時」這一句話，因為只有在其他情況維持不
變的時候，供給的量才會隨著價格增減而在供給曲線上移動，但是
若遇到天降甘霖或天災人禍而使供給的量大幅增加或減少時，則整
條供給曲線便會往左或往右移動。同樣的當需求因外部環境改變而

增加或減少時，則整條需求曲線也會往左或往右平移。

在學理上我們會認為當價格回到平衡點的時候是最有效率的，因為這時候所有生產的量正好可以給予所有需要以及想要購買的人，不但不會造成浪費，也不至於讓某些人超級無敵非常想買卻又買不到。這也就是為什麼每當政府出面管過頭而得不償失的時候，許多人就要跳出來大聲疾呼「請尊重市場機制吧！」那麼我們還要政府做什麼呢？事實上，政府必須負起一個大責任，那就是要透過法律的制定和執行來提供一個讓市場機制能順利運作的環境，以避免或減輕市場失靈（market failure）所可能帶來的問題。至於什麼是市場失靈呢？等我哪天有空寫一本教育經濟學的專書時再告訴大家。

## 二、價格彈性

彈性（elasticity）是什麼呢？隔壁家的小明可以跳得很高，我們就說他彈性很好；做事的時候可以有很多的選擇，叫做有彈性。但是現在要講的彈性跟這些彈性都不太一樣，這個彈性其實是價格的彈性，講明白一點就是當價格改變的時候，供給或需求的數量會跟著改變的程度。若價格稍微改變，供給或需求的數量就大幅變動，我們就稱這個產品有很大的價格彈性；相反的，如果供給或需求的數量變動不大，那就是價格彈性很小了。為什麼要討論彈性呢？當然是因為它會影響到我們的定價策略。我們首先來猜猜看哪一種有價值的東西卻具有非常小的彈性呢？這也就是說，無論價格怎麼變動，需求的量都不會有多大的改變。

在課堂上我很喜歡問這個問題，而數年來學生最常回答的就是「空氣」，但是很不幸的，由於空氣是大家唾手可得的東西而不需

要「選擇」，而經濟學主要卻是要處理「選擇」的科學，因此空氣並不列入本章的討論範圍。那麼還有什麼東西也是不管價格怎麼變動都不會影響到需求的量呢？答案當然很多，不過鹽是最常被引用的例子。因為大部分的鹽幾乎都是由人所消耗的，人沒有鹽就不能活下去，但是一個人若消耗太多的鹽也會引起腎臟病等等嚴重的疾病，因此每個人所攝取的鹽是有一定量的，不管價格升高或降低，鹽的需求量最多只會有小幅度的變化。

那麼既然鹽的價格彈性這麼小，如果不幸哪一天有一家公司壟斷了鹽的市場，那麼所有消費者就要任其宰割了，因為當這家公司將價格定為一斤鹽要賣一萬塊錢時，消費者也還是非買不可，否則就只有等死。因此需求彈性小的民生必需品，一般會由政府來管控價格，以免產生漫天要價而造成社會動亂，這也是政府為避免市場失靈而介入某些產業的正當理由。有關彈性的下一個問題是如果政府發現香菸有害於健康，而汽水對身體也不好，那麼政府如果將香菸每包多徵收 50% 的稅，對汽水也多徵收 50% 的稅，希望藉由價格的提高來抑制消費的數量，那麼哪一項措施會比較有效果呢？答案當然是汽水了。因為香菸的價格彈性遠小於汽水，因此再怎麼加重香菸的課稅其效果還是很有限，但是汽水價格彈性大，每當價格提高一些，就有許多消費者會改喝礦泉水、啤酒、或果汁來因應了，因此提高價格對限制汽水的需求量會比對香菸有效多了。

有了這個觀念以後就可以想想看為什麼有時候某些產業的供給量突然增加時賣方會賺錢，但是有些物品供給量突然增加時賣方卻反而叫苦連天。這就需要結合供需法則中的比較靜態分析以及彈性係數來討論了。例如，賣冰棒的到了秋冬季節變換時，往往會囤積了許多冰棒卻因為天氣突然變冷而賣不出去，這時候業者只好以跳樓大拍賣的促銷方式來吸引更多消費者光顧，雖然看起來好像真的

快要去跳樓了，但通常卻還是可以因價格降低後所造成的銷售量大幅增加而獲利。由於冰棒的價格彈性很大，因此在底下「薄利多銷圖」中四角形 P1, E1, Q1, 0 所涵蓋的面積便小於因需求增加所帶來的曲線往外移後所造成新的四角形的斜線面積 P2,E2,Q2,0，由於這面積是定價 * 銷售量 = 所獲得的金額，且因為後者的面積大於前者，因此會造成所謂薄利多銷的結果。但是，另一方面，當氣候太好時，稻穀大豐收，農民卻要叫苦連天，因為供給突然大增造成供給曲線往外平移，但是由於稻穀彈性太小，使「穀賤傷農圖」中的曲線平移後所造成新的四角形 P2,E2,Q2,0 的面積遠遠小於原來的四角形 P1, E1, Q1, 0 的面積，薄利卻不能多銷，最後農民當然會因為血本無歸而叫苦連天了。

薄利多銷

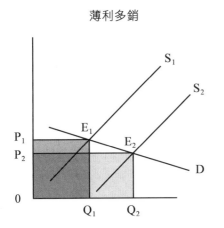

穀賤傷農

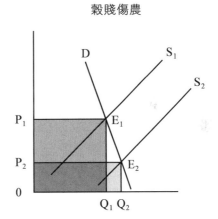

圖 5-1

各種教育事業的價格彈性對於該教育事業是否可以採用低價策略來增加銷售量以得到最大的利潤具有決定性的影響。討論彈性機制主要便是要了解某一種類的學校是否可以採用學費提高策略來增加利潤，因為如果某一階段的教育，或某一種形式教育的價格需求

彈性較小，則提高學費對學生來源的影響並不大，因此學校便可以以調高學費來增加其利潤。但是當彈性很大時，例如某幼稚園想要以漲價來提高利潤，但由於其替代品眾多（在家教育、托兒所、公立幼稚園、安親班、補習班）而使價格彈性變得很大，如果冒然提高價格，則學生可能就會選擇其他的替代品，因此，幼稚園就不能隨便將學費調漲太多。但是如果幼稚園想要以降價來刺激學生從別的安親班或在家教育轉到幼稚園來上課的話，那麼降價行動卻可能將其替代品（在家教育、托兒所、公立幼稚園、安親班、補習班）的學生都吸引過來，而達到薄利多銷的結果。

## 三、定價理論

定價就是組織賦予其產品一個價格，而此價格需同時滿足達成組織利益目標以及讓消費者願意購買等兩大條件。從組織利益的角度來看，追求最大的銷售利潤是最普遍的定價目標，但在競爭激烈的市場中，有時維持長久的生存或長程的發展反而會比獲得短期或片面的利潤更為重要，因此企業也可能會以降低售價來抓住客群。此外，企業更可能運用浮動定價策略或差別訂價策略來擴大消費數量、以低價策略來搶攻市場、或以高價高品質的策略來吸引金字塔頂端的客戶群。

那麼我們要如何來訂價最好呢？要討論定價策略就要先了解顧客的購物心態。通常顧客之所以願意購買產品主要是因為其對某產品的認知價值高於該產品的售價，因此其購買該產品時便會有一定的認知獲利，學術一點的用語就叫做消費者剩餘（consumer surplus），而這個消費者剩餘越大，則顧客所獲得的利益就越高，因此也就越願意去購買該產品。以底下一般交易 VPC 圖為例，V 代

表某產品在顧客心目中的價值，P 代表該產品的定價（嚴格來說，應該是顧客所需支付的所有費用，而此費用包含該產品的售價、運費、以及機會成本等等所有顧客可能的支出），C 則是代表廠商或組織生產該產品所需負擔的成本。其中 V 與 P 間的距離便是消費者剩餘，也就是消費者購買該產品所可能產生的對消費者的利益。P 與 C 間的距離則稱為生產者剩餘（producer surplus），也就是廠商或組織賣出該產品所可能獲得的利益。

　　當然了，幾乎所有的廠商都是自私的，為了要賺更多的錢，廠商當然會盡量的去擴大 P 與 C 間的距離來增加其獲利。而廠商要擴大 P 與 C 間的距離有兩種方法，一種是將 P 調高，也就是調高售價；另一種則是將 C 調低，也就是降低成本。廠商若選擇調高售價，結果將無可避免的壓縮到 V 與 P 間的距離，使消費者認知價值與售價間的距離縮小，因而犧牲顧客的認知利益，如此一來必然會降低顧客購買該產品的意願。而若將 P 調高到超越 V 的程度，則顧客更將完全停止購買該產品，其結果是調高售價不但未能使生產者獲利，更可能造成生產者一樣東西都賣不出去的窘境。因此生產者若要使用調高售價來增加其利潤，通常便需要先想方設法的將消費者認知價值（V）提高，例如以產品創新、產品品質升級，或藉由密集的廣告等等方式來提高顧客對產品的認知價值，然後才可以將定價（P）調高。如此做法，一方面可以提高廠商的獲利，一方面也同時維持或甚至提高顧客的利益，達到雙贏的結果。廠商當然也可利用第二條路的降低生產成本來提高其獲利，在產業界降低成本主要是依賴原料成本的降低以及管理支出的減少，但是在學校組織由於主要成本是來自於人事成本，因此若要降低成本則需依賴管理體系的精進改善來達成。

　　在此需要另外強調的一點是顧客的認知價值（V）與實際價值

未必是相等的,有時候甚至會天差地遠。在道德上或經濟學上強調
的或許是實際的或客觀的價值,但是在行銷學上我們卻更需著眼於
顧客的認知價值,就算他們的認知是遭到扭曲或錯誤的,我們在訂
定產品價格時還是必須將顧客這個扭曲或錯誤的認知列為主要的計
算基礎。例如,某一家棉被公司為了提高其棉被的品質,不但費盡
千辛歷經萬苦的找到天字第一號設計師來設計花樣和圖案,更遠赴
天涯海角去尋找傳說中最適合拿來做棉被的天蠶絲,終於生產出了
質地輕柔且冬暖夏涼的天蠶被。但是若一般人不懂天蠶絲的價值,
或顧客的審美觀與該公司的名家設計格格不入,則不管這武林至寶

**一般交易時的 VPC 關係圖**

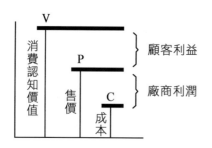

**偏重廠商利潤的 VPC 關係圖**

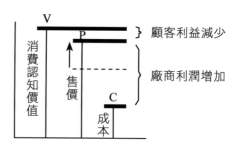

**同時提高顧客利益與廠商
利潤的 VPC 關係圖**

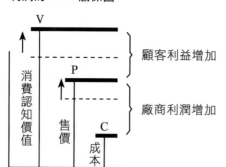

**降低成本時的 VPC 關係圖**

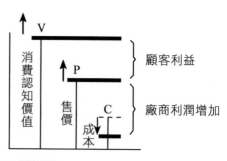

圖 5-2　VPC 關係圖

的天蠶被有多麼名貴，只要顧客認定這床被子沒什麼了不起，那該公司苦心製造出來的被子就休想賣到什麼好價錢。

　　相反的，如果某公司的黑心棉被品質奇爛無比，不但冬涼夏暖，更是塵蟎的溫床，蓋了棉被保證天天過敏流鼻水。但是，只要該公司能憑藉其三寸不爛之舌或酷炫的廣告誘騙顧客，讓他們相信這個一文不值的爛棉被有養顏美容的效果，那麼這些黑心棉被還是會被那些為了美麗不計一切的消費者搶購一空，甚至還賣到缺貨。因此在討論價格時，我們所重視的不只是實際價值的高低，更重要的是要如何去提高顧客對這個產品的認知價值。

# 第二節　學校的定價策略

　　廠商在進行定價策略的制定時需要同時考慮三個因素：競爭者（competitors）、顧客（customers）、以及成本（costs），也就是所謂的定價 3C（Lovelock, Vandermerwe, & Lewis, 1999）。通常成本是各企業組織所設下的最低售價水準或價格的下限（price floor），就算是在訂定促銷價格或競爭導向的售價時也應盡可能的高於成本價格，因為只要是將產品以低於成本的售價販賣出去就一定要虧錢。顧客認知價值則是定價時需要考量的另一個因素，因為高於顧客認知價值的售價是無法吸引顧客青睞的，因此這就成了定價時的價格上限（price ceiling），就算公司渴望要賺錢，也必須考慮到這個上限而不能自以為是的不斷調高價格。最後，與自己產品相關的競爭者所生產出來的產品的價格，或是其他替代產品的價格也將會影響企業組織的定價策略，通常各企業都會參考競爭者所訂定的價格，然後再於價格下限與價格上限之間選擇一個最合適的價格作為企業產品

的售價。以下我們就要以這訂價 3C 為基礎，發展出三種學校的定價策略：以市場競爭力為主要考量的競爭導向定價法、以生產成本為主要考量的成本導向定價法、以及以顧客認知價值為主要考量的需求導向定價法。

## 一、競爭導向定價策略

競爭導向定價策略就是要了解競爭對手的定價，然後再來決定自己的定價，正所謂「知己知彼，百戰百勝。」當競爭不是很激烈的時候，如果市場存在著一定的既有價格（也就是有一定的行情），那麼廠商大可以使用這個價格來作為自己的定價標準。由於顧客已經習慣這個價格，因此任何調高價格的動作都可能會引起顧客的反彈。同時，因為其他競爭廠商也已經習慣於這個價格，若片面的降低價格則可能會被其他廠商視為是「破壞行情」的行為而遭致報復。這時市場上的競爭者多會遵守這個既定的價格再稍微做一些調整。

但是如果產品在市場上與其他競爭對手的產品同質性很高，並且市場競爭態勢又非常激烈的時候，那麼許多廠商就會想要去掌握主要競爭對手的定價，然後訂出比這些對手低一點的價格以搶占更大的市場，這時一場龍爭虎鬥的削價競爭就很難避免了。最後，當分析完主要對手的競爭能力以及產品的各方面吸引力以後，若發現自己的產品占盡了優勢，有些廠商則會順水推舟的將產品的價格稍微調高，以增加利潤。

以上所列舉的定價方法，不管是跟隨市場平均定價，或是以低於市場的價格搶占顧客，又或者是以高於市場的價格來提高利潤，這些方法都涉及到與競爭對手的比價，也因此都屬於競爭導向的定

價方法。那麼學校要如何運用競爭導向的定價方法來訂出最有利的學費呢？我們現在就以一個虛擬的例子來做說明。

　　新新小學經過幾年的努力後，已經在地方上打下一定的招生基礎以及名聲，因此其董事會決定在明年設立新新幼稚園，希望能擴大其事業版圖。但是在成立該幼稚園時並不清楚要將學費定為多少元才合適，因此乃以一連串的市場調查來釐清主要招生區域內其他幼稚園的收費標準。結果發現招生區內尚有貴貴幼稚園、普普幼稚園、以及康康幼稚園等三個主要競爭對手，但是三者的收費標準卻有極大的差異。貴貴幼稚園每學期要價 45000 元，康康幼稚園 25000 元，而普普幼稚園只要 20000 元。這下新新小學的董事們可開始頭痛了，因為他們原本想要照著市場行情來定價，但是 45000 和 20000 也差太多了吧。如果你是新新小學的董事，那麼你覺得應該將一學期（包含註冊及月費）定為多少錢才能反映出市場的價格呢？

　　當然最簡單的算法是將三者平均。以這個例子來說，三所幼稚園的平均價格為 30000 元，如下式：

$$\frac{(45000 + 25000 + 20000)}{3} = 30000$$

　　但是 30000 元是否就是當下幼稚園市場的一般行情呢？那為什麼其他幼稚園不要將學費都訂為 30000 元呢？新新幼稚園如果要跟隨市場價格的話是否應該也將學費定為 30000 元呢？如果是的話，那為什麼貴貴幼稚園可以將價格定成 45000 元而不是 30000 元呢？如果貴貴幼稚園將價格定在 30000 元可能會大爆滿，但是由於價格過低，也可能影響其利潤。普普幼稚園如果將價格定在 30000 元，那麼每個小朋友要多繳 10000 元，可能可以因此增加收入，但也更

可能因為調高學費而讓原本的學生跑光光而關門大吉。

因此 30000 元只是我們以最粗略的資訊所算出來的一個平均價格，並不表示所有幼稚園的市場行情價就是 30000 元，這主要是因為直接市調回來的平均價格並沒有反應到定價時非常重要的一個因素：品質，或更明確的說，是顧客對各幼稚園不同的認知價值。如果新成立的新新幼稚園的品質（經由一連串的投資及廣告）在一般人心目中是較接近貴貴幼稚園的品質，那其市場跟隨定價應該是 45000 元左右較為合理。反過來看，如果新新幼稚園的品質與普普幼稚園差不多，那麼其學費應該要定在 20000 元左右才合理。因此，除非市場各競爭者間的產品品質差異很小，否則貿然的採用各主要競爭對手的平均價格來定價可能會非常危險，大多會使企業承受虧損或喪失客源。

那麼要如何定價呢？一個最簡單的方法便是要列出所有會影響顧客購買意願的各種主要條件，然後去評估本組織與其他各競爭者相較下的品質為何（也可以用市場調查來獲得此方面的資料），再據此品質來訂定適當的市場行情價，以下便以新新幼稚園的例子進一步來說明。

雖然新新幼稚園尚未開始招生，但是其硬體設施已經全部完工，並且也開過了幾次的家長說明會，並透過夾報傳單、布告海報、平面媒體廣告以及電視廣告等強力介紹新新幼稚園的各種優點及特色，加以新新小學在該地區已經打下良好的名聲基礎，因此經由市場調查的結果發現，潛在顧客（家中有適齡兒童的家長）心目中對新新幼稚園以及其主要競爭對手各方面品質的評價如下（分優、良、可三個等級）：

|  | 新新幼稚園 | 貴貴幼稚園 | 康康幼稚園 | 普普幼稚園 |
|---|---|---|---|---|
| 市場價格 | ? | 45000 | 25000 | 20000 |
| 1. 師資 | 優 | 優 | 良 | 可 |
| 2. 課程 | 優 | 優 | 可 | 可 |
| 3. 交通 | 可 | 優 | 良 | 良 |
| 4. 設備 | 優 | 良 | 良 | 可 |
| 5. 名聲 | 優 | 優 | 良 | 可 |
| 6. 同儕 | 良 | 優 | 可 | 可 |

　　假設每個項目每差一個等級便會有 3000 元的認知價值落差，那麼我們以新新幼稚園的品質評價為標準再減去所有競爭幼稚園各個面向的品質評價，便可以獲得每一個評價面向的調整金額。然後將各個面向的調整金額加總，便可以得到幼稚園間整體的調整金額，最後拿這個整體調整金額與市場價格相加總，便可以獲得每一所幼稚園若與新新幼稚園有相同品質時的市場價格。

　　由下表可以看出貴貴幼稚園若與新新幼稚園有相同的認知價值時則應該要收取 39000 元；而普普幼稚園若將品質調升到與新新幼稚園一樣時，則應該收取 44000 元，可見認知價格對組織訂價的影響有多大。此外，更可以從調整過後的金額了解到為什麼貴貴幼稚園的收費明明比普普幼稚園多兩倍以上卻還是門庭若市，這主要是因為家長對貴貴幼稚園的認知價值要比普普幼稚園高出太多了，造成貴貴幼稚園在品質因素調整後的價格反而低於普普幼稚園，當然會讓家長趨之若鶩。

| | 新新幼稚園 | 貴貴幼稚園 | 康康幼稚園 | 普普幼稚園 |
|---|---|---|---|---|
| 市場價格 | ? | 45000 | 25000 | 20000 |
| 1. 師資 | 0 | 0 | 3000 | 6000 |
| 2. 課程 | 0 | 0 | 6000 | 6000 |
| 3. 交通 | 0 | − 6000 | − 3000 | − 3000 |
| 4. 設備 | 0 | 3000 | 3000 | 6000 |
| 5. 名聲 | 0 | 0 | 3000 | 6000 |
| 6. 同儕 | 0 | − 3000 | 3000 | 3000 |
| 調整金額加總 | 0 | − 6000 | 15000 | 24000 |
| 整體調整後售價 | ? | **39000** | **40000** | **44000** |

那麼新新幼稚園若要採取市場追隨的定價時，其價格應訂為多少呢？這只要將其他三所已經在市場上的幼稚園的認知價值調整後的市價加以平均便可以了。由下式可得到答案為 41000 元。

$$\frac{(39000 + 40000 + 44000)}{3} = 41000$$

又如果新新幼稚園決定要以低價策略來進行學生爭奪戰，則其所訂定的價格便必須比調整後的市場最低價格再低一些。由上表可以知道調整後市場最低價格為 39000 元，因此新新幼稚園如果要進行價格戰的話，則其定價必須少於 39000 元才能吸引更多的顧客。當然，一般來說，其所訂定的價格越低，就越可能搶到更多的學生，但是每個學生所能帶來的利潤也會因而減少。

此外，這個訂價法在實際應用上還必須注意到影響家長認知價值的因素可能不只是師資、課程、交通、設備、名聲、和同儕影響，通常影響家長選擇學校的因素可比這六個多更多，而且每個因素的影響力也不會完全一樣。在實際應用時，所採用的項目越多，

所得到的結果也就會越正確。若能進一步將每個要素計算出彼此的相對權重，則所得到的答案當然就更準確了。

## 二、成本導向定價策略

　　成本導向定價策略顧名思義就是要以成本為基礎來計算產品的價格，一般成本導向定價法可以分成以成本為計算成數標準的成本加成定價法，以及以利潤來計算成數標準的利潤加成定價法。

　　成本加成定價法是最常見的定價法，因為這是最容易計算的方法。這個方法就是要將原本的成本去乘以一個想要賺取的百分比，再加上原來的成本就可以了。例如平均每生產一單位產品的成本為 90 元，而我們若想要賺取成本的 10% 的利潤，假設售價為 X，那麼其計算方法為：$X = 90 \times (1+10\%)$，解方程式得 $X = 99$，於是便可以將價格定為 99 元。

　　利潤加成定價法則也是以生產的成本去決定要賺多少成數的利潤，只是這個利潤成數是以售價來作為計算的基礎。例如我們的成本如果是 90 塊錢，然後假設我們的售價是 X，我們要賺取售價的 10%，那麼我們應該把價格定為多少呢？這計算方法是 $X \times (1-10\%) = 90$，解出 $X=100$，所以應該將價錢定為 100 元。

　　與成本定價法非常相似的是損益平衡點的計算。損益平衡點最主要的用處是算出當價格訂定後（或因各種原因而必須採用某種既定價格時），我們需要賣出多少的數量才能回本。換句話說，就是所獲得的利潤可以和所付出的成本一樣多。因此要計算損益平衡點通常要先算出總成本是多少，而要計算總成本就先要了解總成本的組成。我們一般會將總成本分成固定成本（fixed costs）和變動成本（variable costs）兩種。固定成本是公司已經投資下去的成本，

因此不管產量的多少，這方面的成本都不會改變，例如機器設備、廠房、土地等等。變動成本則是會隨著產量的增加而有所變化的成本，例如原料、人力、運費等等便會隨著產量的增加而增加。以學校來說，學校的土地、校舍等等是固定成本，水電費、教師薪水、業務費等等則是變動成本。當我們已經訂定學校要收的學費是多少時，便可以算出需要多少個學生才可以達到損益平衡，其計算公式如下：

$$學生人數 \times 學費 = 變動成本 \times 學生人數 + 固定成本$$
$$\rightarrow 學生人數 \times (學費 - 變動成本) = 固定成本$$
$$\rightarrow 學生人數 = 固定成本 \div (學費 - 變動成本)$$

舉例來說，如果某學校每年的學費定為 90000 元，且每年分攤的固定成本為 50,000,000 元，又如果每招收一個學生就要多花 50000 元的變動成本，那麼這個學校要招收多少個學生才能達到損益平衡呢？

$$學生人數 = \frac{50,000,000}{(90000 - 50000)} = 1250$$

由此便可以算出學校如果要達到損益平衡至少需要招收 1250 名學生，而如果少於 1250 名學生，那麼每少一名學生學校今年就要虧損 40000 元，而每多招收一名學生的話，學校就可以多 40000 元的盈餘。雖然這是個很簡單的算法，但是對於學校估計其需招收多少學生卻有很大的助益。例如學校如果希望今年能賺 10,000,000

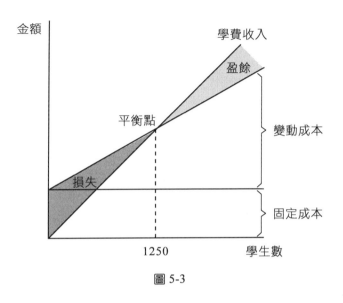

圖 5-3

那麼要招收多少學生呢？我們只要用 10,000,000 去除以 40000 再加上 1250 就可以得出 1500 人。也就是說，學校如果招收 1500 名學生就可以有 10,000,000 的盈餘。如上圖所示，若人數超過損益平衡點，則後續人數增加越多則盈餘越多；反之，若招生人數少於損益平衡點，則招生人數越少損失越多。

## 三、顧客需求定價策略

需求導向定價法主要是要依據消費者對這項產品的需求程度來加以定價的，當消費者需求量很大或購買的意願非常高的時候，這時提高價錢便可以賺更多的利潤。但是當需求不是那麼旺盛，或此產品的價格彈性非常大的時候（稍微調高價錢便會流失許多客戶），通常廠商就不敢隨便的調高價格。這個方法對居於領導地位的廠商或定價一致性較高的市場比較適用，因為在這樣的市場中比較適合用顧客的需求為主要的考量，而不需太在意價格調高或調低而引起

競爭者間的衝突。

　　現在我們假設某私立學校根據前幾年招生的經驗發現，若學費定為 50000 元時，大約會有 400 名左右的學生來註冊，但是若將學費調漲為 60000 元的時候，只剩下 300 名學生會來唸。請問如果不考慮競爭對手等等的其他因素，單就消費者對價格的敏感度反應來推估，那麼學校應該將學費定為多少？學校才能賺取最大的利潤。

　　這時我們要考慮的是如何以這兩筆資料畫出一條預測線。當價格等於 P 且註冊學生數等於 Q 時其最大的利潤為 P×Q。由於這一條直線也會通過（400, 50000）以及（300, 60000）這兩個點，因此

$$\frac{(300-Q)}{(400-Q)} = \frac{(60000-P)}{(50000-P)}$$

➜ $15000000 - 300P - 50000Q + PQ$

$= 24000000 - 400P - 60000Q + PQ$

➜ $100P - 9000000 = -10000Q$

➜ $P = -100Q + 90000$

由於價格 × 數量 ＝ 總利潤

➜ $PQ = -100Q2 + 90000Q$

於是我們代入求二次曲線最大值的公式為

➜ $Q = \dfrac{b}{(-2a)}$

$PQ = \dfrac{(b2\text{-}4ac)}{(-4a)}$

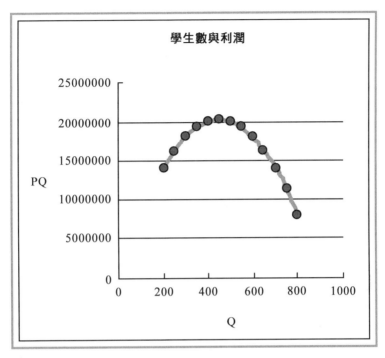

圖 5-4

→ Q = 450

PQ = 20250000

→ P = 45000

　　由公式計算出當價格定為 45000 時，可以吸引到 450 人，這時可以得到最大的利潤為 20,250,000 元。當然是不是一定要 450 人才是最好的呢？數學上算起來是如此，但是千萬要記住這種以市場調查或經驗算出來的數據多少都有誤差，就算你算得再怎麼正確，至少你市場調查完這一段時間內外面的環境應該又發生了一些變化了，因此這些數據都只是參考用的，但是卻可以提供定價時的參考基礎。

## 四、學校定價調整方法

在前面我們所學的成本導向定價法、需求導向定價法、以及競爭導向定價法是三個最主要的訂價方法，當然，在實務上這三種方法可以混合使用，而不是強制規定只能以一種方法來進行定價，畢竟多一點的考慮可以讓決策更為完美。現在我們要介紹的是從以上三種方法找出一個適合的定價後，尚可以採取一些定價技巧來進行價格的微調，以增加組織的利潤。

### 1. 差別定價法

由於每一個顧客對產品的需求程度並不相同，因此以完全一樣的售價要去吸引不同需求程度的顧客是不經濟的，而差別定價法主要便是根據顧客對產品的需求程度來訂定不同的售價，以期能讓更多的顧客願意購買組織的產品，並同時提高顧客的滿意度。例如有一所頂尖的幼稚園為了能提高其設備的使用率，因此在白天班的學生上課後，也開了一些才藝的班級，但是由於走的是頂尖的高檔路線，因此每一堂課（兩小時）要收費三千元，這對許多的家庭來講實在太貴了，除了金字塔頂端的客戶外，根本沒人上得起。就在某年某月的某一天，這所幼稚園發現他們的才藝班在晚上七點到九點的班級是門庭若市大爆滿，但是九點到十一點這個時段的顧客就只剩下小貓兩三隻了，根本不敷成本的支出。園方因此決定將九點到十一點的班級的學費由每人三千元降為兩千元，當然很快的就吸引原本認為三千元太貴而猶豫不決的顧客。而對於那些原本定價在三千元時就想來唸的顧客而言，他們既然是金字塔頂端走出來的，當然是金碧輝煌，對價格的敏感度較低，對時間的敏感度卻非常高，因此也不會為了省一千元而轉到更晚的班級去上課。這不但使

幼稚園因此多賺進了可觀的利潤，也服務了更多的顧客。

　　有時差別訂價法是針對某些想購買學校產品但卻又礙於某些規定而無法購買者來設計的，因此通常會要求這些購買者付出比一般學生更高的價錢。例如大陸地區的擇校費便是如此，如果原本不屬於該學區又想到這所學校唸書的小朋友就必須多繳交擇校費。有時差別訂價法也會用在吸引對學校有特殊關係或利益的顧客，例如一般學生註冊費要五萬元，但是如果學測成績過了某一個門檻，則可以優惠價格來校就讀，甚至是學費全免。又好像許多學校會讓其員工或員工親戚的子弟以半價來就讀等等，雖然從表面上看來是減少了利潤，但是卻達成了宣傳或內部行銷的目的。

　　企業界和產業界經常使用差別訂價來增加獲利，但是差別定價在教育上使用時如果是以調高學費的手段來進行，往往會引來不符社會正義的批評。例如中國大陸某些學校就規定若入學考試達到一定標準的學生只需繳交既定的學費，而對於那些分數較低卻又很想進來學校就讀的學生則要額外繳交一筆可觀的擇校費，由於這昂貴的擇校費只有富人才付得起，因此常被批評是一項不公平的做法。此外，若採用調低價格來吸引更多學生的差別定價手法，雖然可以讓學校吸引到一些原本不會來購買產品的學生，但是如果這些新學生需繳交的錢比原來顧客低太多，一方面會讓原本的學生家長有不公平或受騙的感覺，另一方面也會讓金字塔頂端的家長認為這所學校並沒有那麼「貴族」而將子女轉學到其他高價位學校去，學校反而會因此流失原本消費力較高的顧客。

　　Sandhusen（2000）就認為不管什麼組織，在使用差別定價法時一定要合乎一些基本的原則。首先，必須先確定不同區隔市場的顧客對組織的產品會有不同的需求程度，例如富有的家長會為了方便性或其他有利的因素而願意比一般家長花更多的錢，這樣才構成使

用差別定價的條件。再者，不管顧客用任何一種定價所購買到的主要產品都必須是相同的才叫做差別定價，若以不同價格購買到的主要產品有明顯的差異，那就不是差別定價了。此外，使用差別定價時一定要確定不會因為讓那些以高價位購買產品的顧客產生不悅的情緒，反而因此造成最有利顧客群的流失。最後，更要注意差別定價的使用不會違反特定的法律或有害社會對組織的觀感，以免得不償失。

### 2. 去脂定價法

去脂定價法簡單的來說就是要趁著顧客非買我們產品不可的時候訂出較高的售價，如此針對這些「好野人」大撈一筆，就好像撈起牛奶最上層油脂最多的奶油（skim the cream of the market）。這比較常見的通常是新產品問世的時候，由於幾乎沒有競爭對手，因此可以吸引那些對價錢比較沒那麼敏感的顧客。例如新型的手機一出來總是賣得很貴，但是過一陣子以後就便宜多了。教育產品事實上也是這樣，例如台灣之前剛開始出現雇用外國人來幫忙教授美語的學校學費總是收得非常貴，雖然現在還是比一般學校貴，但是其價格已經降低很多了。其他像一些國外引進的教材教法一開始也都會先走貴族路線，但過一段時間就便宜多了。

雖然去脂定價法能夠幫學校在很短的時間內賺回投資的沉澱成本，但是使用這種方法還是有不小的風險。首先，由高定價所帶來的高利潤將會引起更多競爭者積極的投入這個市場，加速這個產品市場的激烈競爭，而且高定價也會讓廠商無法在短時間內擴張其市場占有率，而給了競爭對手搶得有利地位的機會。此外，如果價格一開始訂得太高又因為競爭而下降太快時，本來購買高價格的群眾會對企業產生反感，認為是受騙了，這對企業組織長期的經營其實

是非常不利的。最後，如果某個產業的產品常有最先以很高價錢賣出，然後又漸漸降價的情況，可能會造成消費者認為現在的價格還會下降，或認為現在買明天如果降價就虧大了而遲遲不肯購買，甚至等到價格已經降到成本價了還怕受騙不肯購買，因此對產業的穩定度帶來不利的影響。

### 3. 滲透定價法

當產品失去了新鮮感或競爭對手湧入時，高價策略已經不可行了，而顧客也會轉而尋找較低價格的同樣產品。這時生產者會試著將價格調低以吸引更多的顧客來試用他們的產品，也就是希望能靠著較低的價格來滲透到還未開發的市場。但是當這個市場漸趨穩定而顧客也習慣使用這個產品之後，通常價格便會稍微調升回來。當然這種滲透定價法也可以用來打擊其他的競爭對手，而要使用這種定價法就必須要能夠將成本壓低，因此有著足夠客源的企業組織將比較能靠著規模經濟（economies of scale）的效果來降低經濟成本，並打倒其他的競爭對手。教育界當然也不乏這種滲透定價的例子，許多私立幼稚園一開始進到市場的時候，通常會先降低其售價以吸引對價格敏感的消費者，等腳步站穩了或競爭者被消滅了才漸漸提高售價。

### 4. 心理定價法

所謂心理定價法就是依據消費者對各種價格的心理反應來加以定價。例如印象定價法（image pricing）就是靠著消費者對一個不熟悉的東西通常會以價格來評斷這個東西的品質，他們會認為價格越貴則產品的品質就越高。因此企業組織對這樣子的產品就不需要把價格降低，有時提高價格反而可以吸引更多消費者。例如醫療體

系，有很多人寧願選擇沒有健保且收費昂貴的醫院去就醫，最主要是因為他們無從得到足夠的醫學資訊來做好壞的判斷，另外醫療的品質對他們影響重大，這時價格與健康比較起來似乎就不那麼重要了。此外，像電腦也是這樣，就算把電腦整個拆開來看過了所有的零件，大部分消費者也不知道這電腦到底好還是不好，這時消費者就只能相信價錢和品牌了，而通常出名品牌的電腦價錢就比較貴。教育也是屬於這種產品，因為對許多人來說怎麼樣的學校才是好學校、怎麼樣的老師才是好老師其實並不容易判斷，但是教育對小孩子來說又特別的重要，因此許多父母會寧願多花一些錢到貴一點的學校就讀，將價格與品質劃上了等號。

### 5. 畸零定價法

是另一種常見的心理定價法。許多廠商會將原本整數的價格稍微往下調一些，讓這個價格看起來好像低了很多。這種定價方法在現代的各行各業已經有一點浮濫了。例如衣服通常定價都是 299 或 399 等等而不是 300 或 400，目的就是要以減少一塊錢卻能讓消費者覺得好像少了幾十塊錢，畢竟兩百多和三百聽起來就不一樣。但是由於這種方法使用太多太浮濫了，因此這種畸零定價的效果也越來越不明顯。不過在政府規定不准提供顧客免費塑膠袋後，少一塊錢正好可以用來買一個塑膠袋，倒是一舉兩得。學校如果要採用這種方法應該要考慮其會有多大的作用，例如幼稚園所收的一學期的學費 11900 與 12000 這麼一百元的差距在顧客心中可以產生的效果可能不是很大。但是 10050 與 9950 同樣是一百元的差距，看起來就差不少了，至於應該要定多少當然就由學校自己來拿捏使用的方便性與差異效果了。

### 6. 綑綁定價法

綑綁定價法就是將許多產品綁在一起來販售，通常這種販售方法對消費者與企業組織來說都有利。例如某民宿業者結合附近觀光產業推出（除例假日外）住宿（原價為 1800）加上農村體驗營的門票（原價 1200）總共只要 2500 元，然後告訴消費者你總共省了 500 元，以打動消費者到此一遊的決心。雖然看起來民宿業者與觀光業者好像少賺了 500 元，但是如果在例假日以外的日子裡他們的業績幾乎都是掛零的，那麼他們只要因此多爭取到一個消費者就可以多 2500 元的營業額，又何樂而不為呢？而消費者也可以省下 500 元，當然他們玩起來也就更有笑容了。綑綁定價法又可以分為很多種，例如綑綁的種類、數量等等，在此就不贅述了。

就教育產業而言，綑綁定價法其實應用也相當廣，尤其是學校裡的才藝班或補習班，例如到某個幼稚園註冊的話，就可以享有去某家書店買書七五折的優待一類的都是。或是課後才藝班若同時選擇音樂才藝、美術才藝、和運動才藝班則可以省下一大筆錢等等都是綑綁定價法的應用。不過要使用綑綁定價法一定要很清楚消費者的行為習慣，一定要了解大部分家長都需要的有哪些產品，然後才能將這些產品做結合銷售，否則也可能會造成反效果。例如某幼稚園只以綑綁定價來銷售課後才藝班，家長必須同時購買音樂教育、美術教育、和體育教育，如果某位家長很希望小朋友多學習音樂教育、美術教育，卻很排斥體育教育，如此只以綑綁定價來進行銷售的結果可能會造成家長連一樣都不買的結果。

### 7. 促銷定價法

促銷定價法通常要在組織想要很快的建立足夠的顧客群時，或顧客開始流失到其他的競爭對手時使用。通常促銷的價格會比一般

的價格低很多，以吸引那些對價格非常敏感的顧客。但是促銷定價法一般用的時間都不長久，其主要的目的只是要吸引顧客上門，或為了要出清存貨，一旦目的達成就會馬上恢復一般的定價。

## 第三節　顧客成本降低策略

　　前面我們曾經討論過在義務教育階段的學校很難在訂價上有自主的空間，但是這並不表示這些學校就可以完全不理會紅塵俗世間對金錢的重視，就無法以金錢或價格的因素來增加學校的收入或吸引顧客的青睞。當然了，在這裡我並不是要鼓勵學校以一些旁門左道的方法來增加學校自學生所能得到的收益，例如許多學校會採用「樂捐」的方式來增加其營運的收入，但是這些樂捐卻往往是半強迫式的不樂之捐；另外還有更多的學校則是以巧立名目的方式來增加其雜項費用的收入，如視聽教室使用費、電腦使用費等等來彌補其經費的不足。雖然這些遊走於法律邊緣增加收入的情形有時是來自於政府未重視市場機制而嚴格限制學費所造成的後果，但是以這些方式來增加收入總是會破壞學校的形象，對學校長期的發展終究是有害。那麼，學校除了以這些方式來增加收入外，還有哪些在價格上可以做的呢？

　　在本章一開始時已經清楚的告訴大家，定價策略一方面是要讓學校獲得合理的利潤以維持生存，另一方面則是要讓顧客有物超所值的感覺，以吸引他們到學校來就讀。當然了，愈能讓顧客覺得物超所值的學校自然就愈容易吸引顧客來就讀，而要讓顧客有物超所值的感受大抵可以從兩個方向來進行。首先當然是要提高產品的品質，在品質提高而價格不變的情況下，自然會讓顧客有「賺到了」

的感覺。但是由於品質的提高是屬於產品策略討論的範圍，在此就不繼續論述下去。另一個可以讓顧客有物超所值感覺的方法則是要減輕他們為了要受教育所必須付出的成本，以下提供一些學校可能的做法。

　　提供獎助學金是許多學校用來吸引學生的好辦法。雖然公立學校在政府所給的經費中很難挪出錢來作為獎助學金之用，但是還是可以透過各種募款或由家長會費等等方式來設立獎助學金。通常獎助學金的發放標準分為兩種，一種是鼓勵性質的獎學金，這主要是針對成績優良的學生來發放金錢的獎勵，不但可以鼓舞在校學生努力向上的動能，更可以對外招收到許多成績優秀的學生，因此在學校行銷中經常使用。另一種則是針對弱勢學生所發放的助學金，有時候此等金額的發放會要求學生去幫忙處理一些學校的事務。以往學生比較會將獎助學金列為留學選校重要因素，因為國外的學費和生活費比起國內貴很多，獎助學金可以有效的減輕家庭的負擔。但是近來獎助學金也成為國內各階段學生選校的重要依據之一。

　　爭取補助是減輕學生負擔的另一個重要方法。雖然義務教育的學校沒有辦法以降低學雜費來吸引更多的學生，但是學校可以盡可能的對外去爭取補助以減輕學生的負擔。當然這裡所說的補助主要是指對學生所做的補助而不是對學校的補助。而學校最重要的工作就是蒐集各種補助的資訊，然後提供給各個學生。學校也必須更深入的了解學生，以幫助學生申請到適合他們的各種補助。這在許多私立學校已經實施一段時間了，尤其當學生繳不出學費而不願到學校來就讀時，若能給予此一方面的資訊，便可以留住不少這一類型的學生。

　　減輕雜項支出是另一個降低學生就學成本的方法。學生到學校上課所必須付出的成本除了學雜費外，更有許多雜項費用，例如住

宿費、交通費、書籍費、其他學用品支出、治裝費、伙食費、各種課外活動或課後輔導、甚至是吃喝玩樂的費用等等，到了高中以後更必須考慮到因念書而無法工作所付出的機會成本。學校可以和供應這些教育必需品的廠商洽談折扣或其他回饋方案，甚至是直接由學校來辦理，以更親切的價格提供給學生物美價廉的學習必需品。由於學校的學生人數眾多，事實上許多廠商也樂於和學校合作，以爭取穩定的客源，達到雙贏的結果。若學校能與很多大廠牌或大機構合作以爭取學生的福利，且將這些訊息宣布出去，例如念某國小的學生到某連鎖書店買書一律六折，免費的交通車接送服務，或是由學校提供比校外機構更物美價廉的課後輔導或安親班，還是可以讓學生和家長產生來唸這個學校是「賺到了」的感覺。在英國的 Ferndale School 就曾以提供完全免費的校服等措施來減輕學生的負擔，並因此獲得家長的讚美，有效的提高了學校的形象（Evans, 1995）。

　　提供工讀機會或建教合作是另一個減輕學生負擔的方法。許多學生學費的來源主要是靠他們自己工讀所賺的錢。但是工讀的機會通常在義務教育的學校內會比較少一些，因此這一教育階段的學校也比較難運用此一個策略。但是對高中以上的學校來說，工讀的機會在經濟不景氣的時候，往往可以吸引到不少學生。工讀的機會除了學校內所提供的各種有償服務的機會外，更重要的是學校到校外去爭取到的工讀機會，最簡單的例子便是建教合作，不管是正式的建教合作課程或是學校與企業策略聯盟所提供給學生的機會都可以吸引想要半工半讀學生的青睞。

　　最後，我們要介紹一種逆向訂價，也就是學生到學校需要繳交的價錢由學生來決定，而其所付出的價錢將會關聯到其所能享受的服務。例如冷氣使用費、交通費等等就可以這種方式來進行，或是

其他的各種才藝活動，甚至是所延聘的師資都可以由家長來決定，如果家長願意付出比較高的價錢，那麼其所享受到的服務項目以及服務品質也就可以跟著升高。為了維護學校基本的教學品質，學校必須先行決定好哪些項目是與學生學習較沒有直接關係的項目，然後徵求學生或家長代表的同意才可以實施。

　　以上介紹了許多以定價策略來提供學生更物美價廉的學校產品，但是若以學校的觀點來看，要提供這些產品的前提是利益必須大於損失。例如獎助學金以及工讀機會等方法自然會使學校多付出一些成本，但是如果其所得到的短期廣告效益、長期形象效益或人力資本的減少所帶來的利益大於這些成本，那麼學校進行這些顧客成本降低策略便可以達到學校與學生家長雙贏的結果。此外，由於這些幫助學生的開銷通常具有社會公益的價值，因此學校亦可用這些幫助學生就學的項目要求政府或社會的協助，例如增加補助、各方的捐款、或爭取各種回饋金等都可以進一步加強學校在此方面的成果。

　　貧窮不一定是來自清高，富裕也不一定要來自 A 錢

　　國家沒錢，窮的是人民；學校沒錢，苦的是學生

# 第 6 章

## 通路策略

　　雖然在行銷組合 4P 或行銷組合 5P 中的通路策略都是以 place 來表示，但是其所要討論的內容除了「地點」這麼一個字面上的主題外，更應包含了所有與產品傳遞有關的各種議題（Biros, 1986）。產業界的通路策略最主要是在分析各種通路商之間的關係，例如某企業應該要採用零階通路（製造商→顧客）、一階通路（製造商→零售商→顧客）、二階通路（製造商→批發商→零售商→顧客）、三階通路（製造商→批發商→中盤商→零售商→顧客）或四階通路呢（製造商→經銷商→批發商→中盤商→零售商→顧客）？不同階層的通路商各有何種功能？企業應該要如何來管理和協調這些不同階層通路商的關係？是否可以同時有好幾個經銷商？產品的銷售地點要設在什麼地方？售貨地點的動線和裝潢應該如何設計？產品要放在哪幾個貨架上？產品在貨架上應該如何去擺設？甚至再擴大一點的來討論，連企業生產原料如何取得有時也會被放在通路策略中加以探討。反觀教育或其他服務事業大多沒有明顯的通路商，實在沒有必要如商業界一樣的硬要把各種通路商間的恩怨情仇，都變成是學校行銷通路策略的重點。因此，論及教育事業或服務業的通路策略時，反而應該要針對如何提供顧客最方便的產品取得方法這個面向來發展。現在就先以一個「牙痛小明的搬家故事」來解釋服務業通路策略的基本概念。

　　小明今天剛搬到這個鎮上，經過一整天的努力，終於把所有傢俱都歸到了定位，當他正想停下來好好休息一下時，突然間他的牙齒開始劇痛，是那種痛不欲生、痛徹心扉、痛到很想把牙齒敲碎的牙痛。於是他毫不猶豫的衝出門，想在這人生地不熟的深夜中找個牙醫診所來治療他那顆痛起來要人命的蛀牙。還好他平常燒香拜佛又喜歡做善事，竟然能在這完全陌生的環境中一出門就看到兩間牙醫診所。第一間診所就位在馬路的正對面，牆上還掛著一個畫著

大型牙齒模型的木製看板，看板上的油漆有些剝落，但在昏黃的燈光下還是可以隱約的看到招牌上寫著「齒科」兩個字，沾了點灰塵的木製大門讓人看不透診所裡面的情形，只有斷斷續續「阿！痛死了！」的呼救聲從屋子裡傳出來，迴盪在這陌生的黑夜中顯得格外的淒厲。另一間則是在前方三十公尺以外，一家有著大片落地窗的診所，大放光明的屋內連在三十公尺外都可以清楚的看到各種新式的儀器，診所裡還溫馨的擺了許多漂亮的花卉，讓人覺得好像回到了溫暖的家。請問：如果你是小明，你會選擇去哪一家診所呢？

　　儘管在這陌生的黑夜中，我們實在搞不清楚哪一間診所醫師的醫術會比較高明，不過除非你已經痛到生不如死了，或痛昏頭了，你應該會選擇去那家窗明几淨的診所裡看病才對。為什麼我們會認為小明一開始就會選擇落地窗診所呢？因為當我們還不知道產品的內容時（例如醫師的技術或是學校老師的學識），我們通常會依靠一些「有跡可循」的線索來預測產品的品質，而如剛剛提到的診所以及醫院所呈現出來的服務場景或實體例證（physical evidence）便是我們最常使用的線索。

　　當然以上的例子看起來有點像童話故事，這麼簡單就找到了要去的牙醫診所。可人生不如意事十常八九，假設那家設備新穎的牙醫診所只營業到晚上九點就關門了呢？這時你低頭看看手錶已經是晚上九點半了，似乎沒得選擇了，你也只能趁著對街那盞昏黃的燈光尚未熄滅前趕緊衝上前去敲門，先應了急再說吧！

　　又如果窗明几淨的診所是躲在巷子裡呢？如果在你衝出家門時放眼望去只看到那家其貌不揚的診所呢？似乎你也只能硬著頭皮推開對街那扇塵封的木門，並在心裡嘀咕著希望這次的治療不會變成你心中永遠的痛。最後，如果那家窗明几淨的診所是位在四十公里以外的另一個鎮上呢？在你痛不欲生的當下，除非你有高人一等的

忍耐能力，否則你可能還是會衝進那家掛著泛黃的牙齒看板的診所裡吧？

或許你會覺得很可憐，牙痛得要命了還可能會被命運逼著走進一個酷似鬼屋的診所接受不知結果會如何的治療。但是從另一個角度來看，那間窗明几淨、用心服務的診所可就更悲哀了，如果時間不對、如果地點不明顯、如果交通不方便，那麼任憑老闆再怎麼的苦心經營也都會化為烏有，沒有辦法吸引到足夠的顧客而早晚關門大吉。所以，醒目及便利的地點、契合顧客的時間安排、以及高品質的實體設施都是影響消費者有效率的取得產品的重要關鍵，而這些也正是學校行銷通路策略所應重視的內容。

如果有人問我：學校行銷的通路策略是什麼？我會毫不猶豫的告訴他，所謂的學校通路策略就是要透過將學校產品傳遞給學生各方面相關因素的管控，讓學生能以最具效率和安全的方式取得他們所要購買的產品，並藉此提高學生和家長的滿意度。而其主要內容則包含了對於地點、時間、以及實體例證的管理。

雖然產業界的行銷通路策略在目的上也和學校行銷通路一樣是要以最方便和安全的方式來幫助顧客順利取得他們所要的產品，並藉此吸引更多顧客的支持，但是由於產業和教育事業產品性質的差異甚大，就算最後的目的相同，做法可還是有著天壤之別。以下僅針對學校如何發展地點策略、實體例證、以及時間策略等三大策略進行深入的探討。

# 第一節　　地點策略

在炎炎夏日的午後來個剉冰或飲料可真是人生一大享受，台灣的上班族就經常會選擇有外送服務的店家，一通電話打過去就能將各種剉冰和飲料送到公司，不但可以節省寶貴的中午休息時間，更可避免在正午的艷陽下曬成黑炭。因此對城市內的飲料店而言，是否能將交易的地點從店面延伸到顧客的所在地，是在競爭激烈的飲料市場中求生存的關鍵，更由於大部分的客人並不會在店內享用飲料，店內的裝潢以及店內是否有冷氣設備似乎就不是那麼重要了。

但是，並不是所有的行業都適合進行外送服務，例如想要洗個頭，總不能打個電話到洗頭店或髮型工作坊裡請他們把洗好的頭送過來吧！當然有錢的大爺或貴夫人們可以打通電話請知名的髮型設計師到家裡來，但是除非家裡有完善的洗髮設備，否則還是要到店裡去消費來得方便些，因此單就洗頭店的地點策略來說，其所在地點的方便性以及店內的設備和裝潢似乎就要比是否有外送服務更為重要了。

由此可以看出，當選擇的地點模式不同時，其所對應的行銷策略也必須隨之改變。學校所能使用的地點模式大致可以分為單一地點、多重地點、到府服務、以及虛擬地點等模式，以下我們就來探討這些地點模式所對應的通路策略。

## 一、單一地點策略

以教育的性質來說，通常一個老師必須同時教導多個學生，而學生在一天之內也需要接觸到許多不同的老師，更由於教與學都需要在一個與一般生活環境不一樣的特殊情境中進行，例如：安靜的

環境、適合聽課的座位安排、足夠的採光、與同儕互動和討論的機會、適當的活動空間、輔助學習的各種圖書和設備等，因此由學生到學校來接受教育，似乎是最方便的模式。更由於設立一所學校通常需要有廣大的土地以及龐大的硬體投資，因此大部分的學校是採用單一校區作為其主要的地點模式。

由於只有單一校區，又是在地產業，因此設校地點的選擇便成為以單一校區為地點模式的學校吸引學生的最重要因素了。那麼什麼樣的地點對學校行銷最為有利呢？以下介紹學校選擇設校地點的三個原則：

### 1. 經濟原則

經濟原則最主要的考慮當然是在某地點設校的成本和效益，包含了設校地點附近有多少潛在的學生、能吸引多少的家長、家長的社經背景、以及這些可能的利益是否會大於所需要投入的成本。例如設在偏遠鄉下的學校，其附近的學生人數就非常有限，又缺乏對城市學生和家長的吸引力，尤其是對中小學學生家長更是如此，就算學校品質優良又有校車接送，還是很難讓他們相信學生在長途跋涉的上下學過程中絕對安全。但是在鄉下設校也不是全然不好，在鄉下設校就有校地取得容易且成本低廉的好處。相反的，在市中心設校雖然可以確保附近有充足的學生來源，甚至連鄉下的小孩都會擠向城市的學校求學，但是土地取得不易以及購地成本過高則是學校必須審慎考慮的。

### 2. 管理原則

設校地點一定要考慮到是否容易管理，例如能否取得足夠的空間以容納學校所需要的各種功能，因為一所學校不可能只有教室，

至少也要有個行政中心或教師休息室，另外還要有圖書館、實驗室、餐廳、體育館或運動場。如果學校沒有辦法取得一處足夠容納這些功能的空間，而讓各個功能場所分散在不同的地點，自然會增加管理的困難。

此外，學校附近的環境是否適合教學也是考量的重點。如果學校附近有公園、圖書館、美術館和博物館通常會受到家長的青睞，但若是學校附近環境複雜或聲音吵雜，例如鄰近工業區、風化區、或甚至喪葬區對學生的學習就可能產生較為負面的影響。此外，交通是否便利也是學校需要考量的另一個重點，在交通混雜的地方設校容易造成上下學交通打結，而學校地處偏僻也會造成家長接送的不方便而影響到學校對顧客的吸引力。

### 3. 調適原則

設校地點或購買建築物時，一定要考慮到如果一段時間後發現地點不適合或是學校要退場的時候，是否容易轉手或轉型作為其他的用途，以免到時因無法改做他用而必須勉強待在原地。此外，設校時也要考慮到將來學校的發展，尤其在城市中，如果只考慮到短時間內要開設的班級數，那麼當學校教學有成而想要擴校經營時，就會因無法併購附近土地或根本找不到其他校地而限制了學校的成長。

對於要新設立學校或要轉換校區的學校來說，一定要再三思考以上各設校地點的三原則，決不能倉促做出決定。畢竟要設立一所學校非常不簡單，需要耗費鉅額的資金、時間、和精力，可絕不像孟子的母親在發現居家地點不適合時便能立刻搬家。但是對於那些已經落地生根了的學校，他們不能像流動攤販今天想去哪裡擺攤就將整個家當扛了過去。學校若發現地點出現問題時，由於遷徙困

難，大多也只能選擇默默的承受。但是這也並不表示這些學校就只能混吃等死，他們還是可以透過各種管道和方法來改善地點的合適程度。例如設置隔音窗以杜絕來自附近的吵雜噪音、和當地政府合作以改善學校周遭的環境安全、設計更流暢的（上下學）動線以及明確的標識以確保學生能快快樂樂的上學、安安穩穩的求學、平平安安的回家。

## 二、多重地點策略

由於設校需要龐大的經費和時間，因此在選定地點設校後通常學校會在該地點待上一段很長的時間。但是隨著內部和外在環境的轉變，許多比起原來更有利的設校地點將會不斷的出現，而原本的設校地點也會漸漸浮現出一些效益上的問題。如果學校發現本地的競爭過於激烈或是客源已經明顯減少，往競爭較不激烈且客源較為充足的地方去招生，似乎是勢在必行的，但是學校偏偏又不會自己長出腳來走到更好的地點重新開業。那怎麼辦呢？最簡單容易又常用的方法就是藉由分校的設立來擴展學校所能接觸到的潛在學生了。

要往其他地方擴展就會面臨如何取得教學地點的問題了，到底上課地點要用購買的比較好呢？還是租用既有的場所比較划算呢？我們之前曾經談過設校地點的選擇總共有三個原則：經濟原則、管理原則、以及調適原則，而如果我們可以找到一個符合以上三個條件的設校地點且學校有足夠的經費來支付的話，那就可以考慮以購買的方式來設校，但是如果其中有一個原則在多方考量下發現並不是很樂觀，那麼租用既有的場地可能會是比較好的選擇。

此外，學校的分部或分校要有哪些的設施也是多重地點會面臨

的一大問題。若是以一個完整的教育環境來說，足夠的教學空間自然是不能缺少的，圖書館通常也是學校一定要有的設施，而體育館或體育場對於那些長時間待在教室內的學生而言也很重要，餐廳的設立以及教師休息空間的保留等更需要有完善的規劃。可是，如果這些設施都一定要具備的話，那就需要很大的空間了，這對只要在當地招收少許學生開少許門課的學校來說當然不見得划算。還好最近興起的策略聯盟適時解決了這個問題。學校採用的策略聯盟通常可以分為垂直策略聯盟、水平策略聯盟、以及異業策略聯盟。

　　垂直策略聯盟指的是不同階段或等級的學校間的策略聯盟。例如，大專院校若與中小學建立策略聯盟，就能將其服務範圍拓展到遠離其校區的地點。因為中、小學的教室通常在晚上是空著不用的，而大專院校（尤其是其進修推廣部）的課程則多安排在晚上，因此可以充分利用中、小學夜間的教室來拓展其地點，並透過給予中、小學各種的回饋以達到雙贏的結果。例如美國某一所大學就曾經與另一所位於其他城市的小學進行策略聯盟。由於到了晚上，該小學的整個教室和場地就閒置不用了，這正好提供了該大學在晚上上課的研究所課程。該大學則回饋給這所經濟狀況不佳的小學一間電腦教室。這電腦教室白天由小學的兒童來使用，晚上則歸大學的研究生來使用，到了周末更將整個電腦教室租給當地需要開設電腦課程的其他民間教育機構使用，並以所得的租金來支付電腦維修和電費的支出。如此一來，大學以僅一次的電腦教室投資（其課程本來就需要用到電腦），而不用再出錢維修這些電腦，就換來了適合其研究生使用的各種教學場地和設備；而該小學則幾乎不用付出一毛錢就得到了一間夢寐以求的電腦教室。

　　水平策略聯盟指的是同階層的學校間的策略聯盟。例如大專院校間所建立的策略聯盟，這些策略聯盟除了教學資源的互通有無

外，對通路策略幫助更大。例如某台灣南部大學的企管系若與台北的教育類大學建立策略聯盟，則可以將南部學校的觸角深入到北部，且因為北部有了據點後，交通變得方便多了，就更容易吸引到北部的學生就讀。而北部的教育類大學則可以收取一定比例的回饋，或甚至到南部學校來設立分校。當然，通常這一類型策略聯盟的學校進行合作的科系是不同學科的，以免聯盟後反而造成彼此的競爭。其實同類型的學校也會有水平策略聯盟的可能，例如許多的姊妹學校或策略聯盟學校就會允許學生互相到對方的學校修習課程，不但能增加學生就學的便利性，更能提高學校對外地學生的吸引力。此外，大專院校也常常以策略聯盟的方式合租上課的地點，這主要是因為要將觸角延伸到離校區較遠的地方，由於場地和設備的限制通常沒有辦法開設許多的課程，如果附近又沒有什麼適合的學校，就只能以租屋的方式來進行。但是租了一個場地卻有十分之八、九的時間都閒置在那裡養蚊子也未免太可惜了，因此乃由幾個學校合租一個場地，然後平分租金及使用時間來達成多地點設校的行銷效果。

　　異業策略聯盟則是由學校與其他非教育類的企業組織形成策略聯盟，例如建教合作便是工廠和學校間的策略聯盟，學生學習的地點是在學校和工廠。這對學校而言可以省下一半教育場地的支出，並且也節省了購買昂貴機器的花費；而廠商得到了基本勞工的供應，並且較有機會找到並留住好的人才。而學生則可以在學校學到理論知識，在工廠精進其實作技能，更能因此賺到學費，達到學校、工廠、和學生三贏的結果。學校異業結盟有時是為了招收更多的學生，例如學校與某公司合作負責訓練其員工，甚至是派教師到該公司去開課，將學習場所直接延伸到顧客的工作場地。

## 三、到府服務策略

　　服務人員到府服務是服務業的第三種地點模式。學校有沒有可能變成是到府服務的機構呢？如果所謂的到「府」服務是專指到學生住家進行教學，那在現在的學校行銷中可能就只有家教（或課後輔導）比較適合此種地點模式了。當然也有少數的特殊教育會採用在家教育的模式，可那畢竟是少數的特例。

　　但是當我們把到府服務擴大解釋為到學生或顧客指定的地點來進行教學活動時，那到府服務就是一個有利可圖的學校地點模式了。例如工廠員工的在職教育就經常會和各大專院校甚至是高中職進行合作，由各學校派遣教師到工廠所在地來教育工廠的員工。此外，公家機關員工的進修活動也經常會採用這種模式，甚至連國民小學教師的週三下午進修課程也常以這種教學模式來進行。這種到府服務的方式有幾個好處。首先是經費的節省，由學校派遣教師到顧客指定地點來服務，由於教師人數通常少於學生人數，因此學生只需負擔少數幾位教師的車馬住宿費用便可以了；相反的，若由學生到學校來上課，則需要花上幾十個人的交通以及住宿費用，更要讓這麼多的學員付出許多交通往返的時間成本和安全成本。此外這種上課方式還可以解決一些環境適應不良的情形，因為學生是在他最熟悉的環境裡上課，通常可以很快的進入狀況，少了環境調適所需要的時間。

　　那麼小學教育是否有可能也以這種模式來進行呢？當然是可以的。這種到府服務的模式在國內較為少見，但是在美國的某些衛星學校（Satellite school）其實早就以這種地點模式來達成學校與學生雙贏的效果了。例如，某工廠發現其員工每每因為要接送小孩到學校上下課而造成員工上班遲到早退的情形，因此工廠便提供小學

生學習所需要的場地和設備，然後請公立學校的教師到這個位在工廠內的學校來上課。這一方面減輕了政府設校所需要的大筆經費，另一方面則讓工廠員工可以在上班時就把孩子一起帶到工廠來上課，若加班晚了還有專門的人照顧小孩，不但免去家長在學校與工廠兩地飆來飆去的時間和交通安全問題，更可讓員工安心的工作。

　　當然這種模式也並非全無問題。上課地點的設備和環境是否適合讓學生學習就是第一個要考量的問題，如果工廠無法提供適合的學習場所便很難以此種地點模式來授課，總不能叫教師在嘎吱嘎吱的機器運轉聲中提起嗓門去對著那些躲在不同機器後面的學生上課吧！此外，教師的交通以及住宿也需要有特別安排，教師一天的授課量更要合理的調配。

## 四、虛擬地點策略

　　剛剛所談的是要將一個地點拓展到多個地點以吸引學生來就讀，甚至是要教師到學生所在地去服務，以此擴展學校的設校範圍。但是有一些學校則是宣稱要以縮小學校設校地點來增進學生就學的方便性。沒錯，這就是現在最流行的虛擬學校（virtual school）。虛擬學校在美國已經發展了十幾二十年了，現在美國至少已經有二十幾個州設有虛擬學校（Sturgeon, 2007）。由於虛擬學校是透過網路來進行教學的，因此任何地點都可能是學生的上課地點，這對學生來講除了可以省下交通或住宿的費用外，更可以選擇遠在他鄉原本一輩子都不太可能遇到的名牌教師來授課。對於經常需要旅行或搬家的家庭來說，虛擬學校更是他們的救星，因為他們的小孩從此不用一天到晚去辦理轉學手續了，更不用寄養在別人家裡才能去上學。虛擬學校也幫助了許多家庭主婦、行動不便的人士重拾

學習的樂趣，因為他們現在隨時隨地都能進行學習活動了。

　　虛擬學校有很多種模式，有些是原本實體學校改成的，有些只是學校的一小部分課程，有些則是由學區所設立的虛擬教室，更有一些是營利或非營利的私人組織所主導的。那麼要如何成功的興辦虛擬學校呢？美國田納西大學的 Roblyer 教授（2006）曾經訪談了密西根虛擬中學（Michigan Virtual High School）、虛擬中學公司（Virtual High School, Inc.）、愛達荷數位學苑（Idaho Digital Learning Academy）、伊利諾數學與科學學苑（Illinois Mathematics and Science Academy）和佛羅里達虛擬學校（Florida Virtual School）等五所美國知名虛擬學校的領導人，然後歸納出虛擬學校辦學成功的五個重要因素：

### 1. 學生的學前訓練

　　這些虛擬學校都會以評分表、自我評量表、以及試讀等等的機制先確定學生可以通過所有的考驗才准許他們加入正式的課程，以確保學生將來的學習成果。

### 2. 老師的職前訓練

　　並非所有的老師都適合或知道如何去教授虛擬課程，因此學校對新來的教師會先給予一定時間的職前訓練，以確保教師透過網路授課的教學品質，並培養教師建立一個由各自獨立學生所組成的電子化學習社群的能力。

### 3. 採用彈性互動的設計

　　虛擬學習非常重視學生的互動學習，因此其課程多以個案研究為主，讓學生自己去發揮，並要求學生分組完成指定的作業。

### 4. 視察及支持教師

所有的學校都盡全力去支持老師的教學，但是也會隨時檢測老師教學的成果。虛擬學校雖然可以讓學生的上課時間變得非常有彈性，但是對老師而言卻反而加重了他們的時間負擔，因為老師們必須隨時待在學生找得到的（虛擬的）地方，隨時準備在網路上面對面的回答學生的問題，而不是單以錄影的方式來教學。因此為了回饋老師的辛勞，通常學校會給予表現良好的老師額外的獎金。

### 5. 視察及支持學生

學校非常重視老師與學生一對一的溝通，由於學生的時間較一般實體課程來得分散，因此老師與學生一對一接觸的機會相對的會多一些。學校經常會抽問學生有沒有什麼學習上的需要或對虛擬學習有哪些的建議，學校在獲得學生的回應後，便會盡可能的解決他們提出的問題，以增進他們的學習效率。

但是虛擬學校也並非完全沒有限制，例如某些科目如生物或化學就很難用虛擬的方式來教授，因為到現在為止網路可以傳達聲音和視訊，但是卻很難傳達多種的味道，更無法產生人際間社會接觸的感覺。此外，一些技藝訓練的實作課程也很難以這種虛擬的方式來進行教學。虛擬地點模式更需要有堅強的高科技基礎作為後盾，否則常常會造成訊息傳送或接收不良的情況。我自己就常常使用MSN或SKYPE來上研究所的課程，並且發現許多在一般課堂上沉默寡言的學生，一到網路世界就變成語不驚人死不休的話匣子了，這對以討論為主的研究所課程而言，其實是一大利多。但是在實施的過程中也遇到了不少的困難，例如網路傳輸速率若不夠快或不穩定，便無法同時開啟多人的影像，有時甚至連訊息都有可能會暫時停頓，而影響到討論的流暢性。另外，如何控制虛擬課堂上的秩

序、評量學生的學習成就、以及管理學生的發言等等都是教師的一大挑戰。

　　另一種虛擬地點的學校是希望透過高科技的協助，讓學生在任何時間任何地點隨時想上課就能上課。雖然學校不太可能像自動販賣機一樣的到處設立據點，隨時投個錢就有飲料咕嚕咕嚕滾下來。但是拜科技進步神速之賜，這個理想已經越來越近了，只要上網或購買一些預先錄製好的互動式教學光碟，便可以隨時自己進行學習。記得以前在科幻片中導演或編劇往往會讓電腦幻化成人形，而戲中的英雄在遇到難解的問題時更會隨時就請教於這些知識無遠弗界的電腦（人），讓台下的觀眾驚嘆不已。沒想到才過了沒幾年，這種場景已經在現實生活中出現了，學生通常只要打開電腦就可以與電腦進行互動式的學習，而且這個趨勢似乎有越來越普遍的情況。現在不但新的教學軟體大多朝向互動式學習來發展，國內許多國民小學或國高中也擁有自己的網路學習平台，而各大學更是投入大筆的經費進行此類教學課程的研發，希望能掌握這股宅經濟的商機。但是畢竟這種科技還只是剛開始發展而已，因此很多家長會質疑這種學習模式的效果，此外，在技術上的互動品質也還未發展得很完整，因此現在多還只是定位為教學的輔助工具。

# 第二節　時間策略

## 一、最適消費時間

　　學生上課時間的安排是通路策略中極為重要的一環，若時間

安排得好，那麼學生的學習就會很有效率。比方來說，在排課的時候就不應該將體育活動排在上午的第一、二堂課，反而應該在這時候排入一些需要頭腦清新的思考性課程。此外，每一堂下課休息時間應該要有多長、午休時間應該多久等等也都會影響學生的學習效果。對於上、下學的時間安排更會影響家長接送小朋友的方便性，例如選在交通尖峰時段上、下學可能會因為塞車或避免遲到而使學生及家長在車水馬龍的車陣當中狂飆；但是如果上學過早或過晚，又會讓家長送完小朋友後需要在其工作場所等一小時才開始上班，或在工作場所中等一段時間才能去接小朋友。又如果所有的學校放學時間都完全一樣的時候，也可能會造成子女在不同學校就讀的父母，無法在放學時間內接到所有小孩的問題。因為總會有一個小朋友需在同學都走了以後，面對冷冷清清的學校望穿秋水的等著父母來帶他們。也因此，現在有些國民小學已經盡可能的將放學時間與學區內托兒所或幼稚園的放學時間錯開，以便利父母接送小孩。除了小學教育外，高中以上的跑班制的教育方式對時間的安排更為重要，有些大學校園真的很大，學生在短短的下課十分鐘內拼上了小命也很難準時到達教室上課。更有些校區分散的學校，學生和老師必須花較長的時間在不同校區間的往返交通上，因此課程之間時段的安排就更為重要了。

當我們將時間安排擴大到整個學年或整個求學過程時，更可以發現有些學校或學制的確掌握了時間的重要性。在我國的學制中，對於時間安排最有效率的莫過於輪調式建教合作了。輪調式建教合作在我國實行已經有一段很長的時間了，早在 1969 年的時候便由教育廳引進實施。輪調式建教合作主要的理念是由學校負責學生的知識教育，而合作的廠商則給學生操作經驗及實際應用知識到工作上的訓練。學校每年同時招收兩個班級，一個班級留在學校學習知

識，另一個班級則在工廠實習，這兩個班級每三個月輪調一次。經由這種時間的設計，學校可以省下一半的學習場地開銷，而學生也可以同時學到實用的知識以及技能的訓練，並能更有效的將所學的知識融入實際操作的訓練中。

　　課餘時間或寒暑假時間的安排是通路策略的另一個重點。許多的家長會很擔心他們的子弟在寒暑假期間沒有適合的活動可以參加，不但對其學業的停滯抱怨不已，更憂心這段期間其子女可能因為疏於管教或過度放鬆而影響其將來的學習，甚至因此養成一些不良的習慣，因而經常要求學校能夠辦理一些教育活動。因此，學校若能成功的在寒暑假期間辦理家長青睞的學習活動，對其將來的招生會有正面影響。也因此，現在各中小學有越來越重視寒暑假活動安排的趨勢，甚至連各縣市政府也開始出面整合學校辦理的活動，以豐富這段時間學生的生活。

## 二、時間延長策略

　　所謂的「朝九晚五」指的是以往企業打卡的時間，一般都會安排在早上九點到下午五點之間。但是隨著時代不斷的變化，各種產業的時間差異已經越來越大了，並且有往後延長的趨勢。例如從前在晚上九點以後就很難找到還開著門的雜貨店了，但是現在許多的連鎖便利商店都是二十四小時營業的，此外一些麵包店、餐廳、書局等等也都打出全年無休的口號。Lovelock, Vandermerwe, & Lewis（1999）認為造成這種開店時間延長的原因主要有五個：

### 1. 雙薪家庭的增加

　　由於現在雙薪家庭越來越多，全家總動員去賺錢變成是家庭的

常態。而這些家庭白天要辛勤的工作，沒有辦法在平常店家開門的時間內去購物，只能在下班後才拖著疲憊的步伐到附近少數還開著門的店裡去消費囉。因為這種雙薪家庭快速的增加，那些工作到很晚的店家的生意也就越來越好，並使那些早早關門睡覺的店家倍感壓力，在不得已的情況下，他們也只好犧牲晚上休息時間，跟著延後關門了。

### 2. 法律的改變

舉例來說，由於基督教規定星期天是安息日，因此在西方國家有很多地方都規定星期天不准做生意（我就曾經大老遠的從紐約跑到紐澤西的 Bergen County 購物，卻碰到星期天所有的店都關門而悻悻然的回家）。但是隨著人口融合越來越徹底，這些法令已經越來越受爭議，例如猶太人認為星期六才是休息日、回教徒認為星期五才是神聖的日子、佛教徒對每一天都要以平常心看待，因此這些法律限制下不能營業的問題已經漸漸消失了。

### 3. 店家設備使用的經濟考量

許多服務業的設施都需要投資很多的錢，營業時間越短表示這些設備會有很長的時段是閒置不用的，因此為了要提高這些設備的使用效率，店家們也只好讓營業時間往後延長。更由於現在的電器品質越來越精良，因此長期使用也不見得比每天開開關關更容易耗損。

### 4. 生活型態的改變

由於生活型態的改變以及夜晚兼職工作的增加，讓許多人願意在夜晚來上班。尤其是打工的大學生，他們通常會在課堂結束後才

開始打工；還有就是月光族（每月都把錢花光的人），因為錢實在
是不夠用了，只好白天上班，晚上加班，回家再做一些手工藝來支
持他們龐大的開銷。而現代社會中許多的夜貓族更是不見太陽不睡
覺，對他們來說，夜深了，才是一天的開始，夜晚的工作正合乎他
們的需求。

### 5. 自動櫃台機或販賣機出現

　　時代不同了，許多的工作都被機器搶走了。由於自動販賣機、
自動提款機等等無人服務機器的製作越來越精良，更由於機器人不
會到了晚上就想要上床睡覺，因此夜間的工作現在多交由這些機器
（人）來服務。

　　服務時間的延長不但可以讓商家賺進更多的利潤、讓設備的使
用效率更形提高、對消費者來說也方便許多。那麼教育可不可能延
長時間呢？能不能像 7-11 一樣的二十四小時全年無休了？答案是可
以的。現在的虛擬學校事實上正是要往這個方向來前進，經由網路
學習平台的設立，學生隨時隨地都可以學習，只要他有一部能夠上
網的電腦在手邊，就算是半夜三點也還是可以向遠在雲深不知處或
正在呼呼大睡中的老師請益。不過到現在為止深夜三點的網路學習
平台似乎還是以錄影教學為主，很多人則質疑向這些「影像教師」
學習的效果，因此，若學校或教育機構規模夠大資本夠雄厚的話，
其實可以試著請一些夜貓子老師負責夜晚時段的學生問題即時解
答，相信這對許多晚上睡不著覺又想學習的夜貓族或白髮族而言應
該是個福音，對學校也是個新的市場，又是一個教育的藍海。例如
我本人就屬於那種喜歡「早點」睡的老師，別人吃「早點」的時候
通常就是我該上床的時候了，因此我應該會很樂意去教授這種大夜
班的課程。

## 三、時間縮減策略

　　每次聽到莫文蔚唱「沒時間」的時候我就會想到現代人生活的步調真的很快，大家都在和時間賽跑，也因此學校若能想辦法以最短的時間給予顧客最好的服務應該就能提升其對眾多「沒時間」家長的吸引力。而同一地點多重功能的設計就是想要靠節省顧客時間來吸引顧客。

　　同一地點多重功能策略在產業界的應用已經非常的普遍了，例如加油站就是一個很好的例子。以往開車到加油站就是要去加油，但是現在大部分的加油站都附有洗車的服務，他們通常不是為了要靠洗車來多賺些零用錢，畢竟許多加油站都喊出了「加滿油洗車不用錢」的口號，他們更想藉由增進消費者的便利性來吸引更多的顧客上門。因為就消費者而言，去一趟加油站能夠同時完成兩件事會比去一趟加油站純粹加油，然後再將車開到遙遠的地方去洗車方便許多，也因此業者在發現某些加油站增設洗車服務而門庭若市後，便立刻爭相模仿，沒多久這種加油和洗車結合的模式就拓展到全台灣了。現在有些加油站又更進一步的推出便利商店的服務（便利商店在美國幾乎是所有加油站的必備服務），讓民眾去一趟加油站便可以完成許多生活上必須完成的雜事，尤其在這個「沒時間」已經成為口頭禪的現代生活中，這種效率超高的服務自然可以吸引更多忙碌的顧客前往消費。

　　那麼學校可不可以利用時間縮減策略呢？當然可以，而且一直以來便有多重功能了，現在的問題只是增加哪些功能可以更有效的提升便利性。學生到學校就學不只是上課，還需要吃飯，因此營養午餐的推行便是減輕家長準備便當的時間的一項額外的服務，而現在有許多小學更進一步推出了營養早餐的服務，完全解決家長要一

早起來為小孩做早餐的困擾。有些小學則推出了幼稚園或托兒所的課程，讓家長不用跑好幾個地方去接送小朋友，讓那些同時有唸幼稚園和小學的子女的家長心動不已。同樣的，課後安親班或輔導班的成立，也可以降低家長為了接送小孩而東跑西跑的苦惱，這些課輔班推出後當然也相當受到家長的歡迎。此外，學校如果可以將夜晚的校舍租借給一些才藝補習班，更可同時減少這些補習班人員、家長、以及學生的交通成本，讓學生不用為了補習而每天東奔西走造成安全的顧慮，更能挹注學校一筆可觀的經費以作為學校進一步提昇教學品質之用。

# 第三節　實體例證

　　某一家兒童美語安親班在剛成立時，為了要遷就有限的成本以及市中心一地難求的困境，因此選定了一棟四層樓高的建築作為設校用地。雖然選在市中心可以接觸到更多的客源，而四個樓層加起來的總坪數也可提供足夠的上課空間，但是由於每個樓層都只有一間教室，管理者很難同時兼顧各個樓層的教學情況，辦公中心與教室間的聯繫更是不方便。此外，更由於留給學生活動的空間分散在每一層樓，學生不但缺乏一整塊完整的活動空間，其上下樓梯的安全更讓家長們擔心，當然這也就成了招生時最大的票房毒藥。

　　由以上這個例子可以看出，雖然行銷中的通路策略在英文是以簡單的地點 Place 這個字來表示，但其所牽涉的內容絕不只是設校地點的選定這麼簡單，不管是學校地點中活動的時間安排，或是學校的各種設備和環境也都會影響到行銷的結果。而以上所提到的幼稚園的建築設備，正說明了通路策略中實體例證對行銷的重要性。

　　所謂的實體例證，就是顧客在整個產品傳遞的流程下，由五官所感覺到的一些實體的東西，以及由這些東西所構成的環境，例如學校的建築物、設備、裝潢、甚至是學校的商標等等，都包含在實體例證的討論範圍。由於學校的產品是無形的，因此往往需要透過一些有形的建築、設備、或環境才能真正將學校的產品傳達給顧客，而這些對服務傳遞品質有重要影響的有形物件便是實體例證了。

　　Lovelock, Vandermerwe, & Lewis（1999）認為實體例證會從三方面來影響到顧客的購買經驗：首先，由於實體例證是一種引起注意的媒介，因此設計優美的實體例證可以讓顧客從眾多的競爭者中很快的注意到我們的存在。緊接著的是由於實體例證是一種訊息傳達的媒介，因此好的實體例證可以在最短的時間內告知顧客我們的品質。最後，實體例證是一種影響顧客產品使用經驗的媒介，一個設計良好的實體例證會以他的顏色、構圖、質料或聲音來激發顧客購買的慾望及提升其使用的效果。

　　學校也常藉由實體例證來引起大家的注意。例如宏偉的校門、有特色的建築以及優美的環境等等都是學校用來引起注意的好方法。例如東海大學的路思義教堂以及仿唐式建築的迴廊、台大的椰林大道、東華大學優美的自然環境、真理大學的古蹟書院、成功大學的大榕樹等等都是藉由實體例證來引起大家注意的最好例子。也因此現在許多的大學都越來越重視校園營造的重要性。

　　學校也會藉由實體例證來傳達正向的訊息給家長。教育產品的一個特性是顧客在購買教育產品前並無法知道其品質，只有在購買之後才能確定其品質的高低，也因此家長和學生都會透過各種實體例證來猜測或推論學校的辦學取向或辦學品質。當然學校也就抓住家長和學生的這個心態，盡可能的以實體例證來激發家長正面的情

感。例如許多幼稚園就將建築物塑造成城堡的形狀，讓家長看到這個建築物就聯想到有美好結局的童話故事，甚至在其腦海中都浮現出公主和王子的夢幻奇遇，而這時在家長想像中的公主和王子的身影都像極了他們的心肝寶貝。當然，家長更重視的是設備的真正功能和品質，而學校也會很識趣的把最好的設備都呈現出來給家長和學生看，讓他們相信我們學校的品質就跟這些昂貴的設備一樣的有口皆碑。通常家長或學生最會注意到的學校設備包含了建築物的堅固美觀、校車的配置以及新舊程度、教室的採光是否足夠、教室是否有裝設冷氣、電腦教室或視聽教室的設備是否先進、實驗室的配置是否安全、醫療及衛生設備是否健全、學生餐飲以及宿舍的管理情形、學生活動空間的安排以及校園環境是否寧靜安全等等，這些項目對學校的行銷都有著重大的影響。

　　當然實體例證更重要的是它們會直接影響到學生的學習經驗，因此雖然外觀（表面效度）對吸引潛在家長和學生有很大的影響，但是更重要的卻是學生進到學校後的學習經驗，而這些實體例證是否真正發揮其功能對學生的學習經驗絕對有影響。例如教室是否有裝設冷氣是家長和學生在選擇學校時非常關心的部分，有些學校在每間教室都裝了冷氣，而學生和家長在看到這些冷氣時便高高興興的選擇了這所學校。誰知道學校竟然為了省電，裝了冷氣卻捨不得開，造成炎炎夏日的教室裡老師汗流浹背的講課，學生揮汗如雨的聽課，不但影響到學生學習的效果，更使學生產生受騙的感覺而大肆宣傳，對學校未來的招生造成嚴重的威脅。因此，實體例證在行銷上除了有吸引注意以及傳達訊息的功能外，更重要的是它對學生學習經驗的真正影響。

> 殊途可以同歸，但不一定能同時到達

# 第 7 章

## 推廣策略

　　走在繁忙的忠孝東路上，一幅幅巨型的廣告看板正使盡全力的想要吸引住所有都會男女的目光，耀眼的霓虹燈對映著路口 LED 巨大的電視牆，把繁忙都會的深夜點綴得更加五彩繽紛。商店門口密密麻麻的貼著「通通一律三折起」的誘人消息，就算明明知道可能只有一兩套衣服是真的打了三折，還是有很多人搶著要進去「尋寶」。迎面走來了幾位穿著制服的女店員逢人就發面紙，包裝上還印著「KTV 全新開幕回饋來賓大特價」的斗大字眼，搶眼的鮮紅色就怕你沒看到這消息。呼嘯而過的公共汽車車體上盡是補習班的廣告，驕傲的告訴你誰上了台大、誰進了建中北一女，只差沒告訴你這些人中龍鳳是否真的都是他們教出來的。路旁的攤販提起嗓門聲嘶力竭地吆喝著「精品名牌皮件大特價，百貨公司過期貨，買到賺到喔！」，走近一看才發現賣的是些 LW 的皮包，MIKY 的皮帶，和 CUCCI 的皮夾。這時耳邊忽然響起羅大佑的那首鹿港小鎮「台北不是我的家，我的家鄉沒有霓虹燈」。沒錯，你可能不住在台北市，但就算你的家鄉是在純樸的鹿港小鎮，可現在鹿港小鎮的街上也已經掛滿了招牌和霓虹燈。生活在現代社會中的你，似乎已經很難避免來自各方廣告的轟炸了。就算你認為廣告是邪惡的，是要來誘惑你花更多的錢，可不管你怎麼努力躲避，還是會深深受到這些推廣策略的影響。或許你會納悶：企業花這麼龐大的金錢去創造出這麼多無孔不入的廣告真的有用嗎？答案當然是真的，而且對銷售業績「幫很大」。

　　首先，企業希望能透過各種廣告來告知或提醒消費者認識這個企業以及其他的主要產品，畢竟再好的產品如果沒人知道，還是賣不出去；他們當然更想要靠各種宣傳活動進一步的說服顧客，讓顧客相信本公司的產品絕對比競爭對手的產品更有價值，希望顧客在需要這類產品時都能很快的聯想到本公司；除了傳遞消息的功能，

廣告和促銷更可以進一步的激發顧客購買的衝動，尤其是當顧客猶豫不決時，適時提供一些折扣絕對可以補上臨門一腳，刺激顧客趕快掏錢購買。最後，企業的推廣策略也是與老顧客保持聯繫的好方法，藉著顧客忠誠度的建立來確保公司的長期獲利。

　　不同推廣策略有不同功能，企業經常利用廣告來傳遞訊息、利用促銷來刺激購買欲望、利用公共關係來建立顧客的產品忠誠度、利用人際行銷來開發顧客群，因此，以下將進一步針對這四種推廣策略做更深入的探討。

# 第一節　廣告策略

　　廣告就是由組織或個人以付費的方式來通知、說服、或提醒消費者有關產品的各種訊息。由於廣告在行銷上可以用來確認及識別產品、傳遞產品訊息、引起消費動機、激發購買慾望、建立品牌知名度、或甚至是用以擊敗競爭對手等多種功能，使廣告成為行銷活動中最常被使用的策略，也因此，一般人經常誤將行銷與各種廣告宣傳畫上等號，認為企業以各種廣告來進行宣傳就是行銷。雖然行銷絕不等於廣告，但是從這個普遍存在的誤解也可以清楚的看出廣告在整個行銷活動中所占的份量了。

　　以往願意花錢買廣告做宣傳的學校並不多見，但是近年來由於教育行銷的觀念漸漸受到社會認同，也因為學校招生環境越來越嚴峻，因此以廣告來進行宣傳的風氣就如野火般漫延開來了。每到招生期間，有錢沒錢的學校都會積極的進行宣傳活動，沒經費的學校就採用較省錢的海報或傳單廣告、稍微有錢一些的會以郵寄廣告DM來吸引顧客，再有錢一點兒的可以買下半個或整個報紙版面來

打廣告，而最捨得花錢的學校自然不會放過聲光效果十足的電視廣告了。但是哪一種廣告媒體最適合學校來使用呢？以下我們將分別討論各種廣告媒體的優缺點。

## 一、電台廣播

　　電台廣播在以往農村社會中是非常重要的訊息傳播工具，二、三十年前不管走到哪裡都可以聽到電台的廣播。電台廣播會有即時、速報的效果，對於必須讓顧客在第一時間知道的訊息是非常重要的工具。更由於電台廣播成本較為低廉，可以透過重複的播放來加深顧客對產品的印象。但是剛剛敘述的兩個優點對學校行銷的助益卻較為有限，這是因為學校招生通常是一個長期的工作，因此較不重視廣播超級速報的功能，只有在一些促銷活動時才比較可能會用到電台廣播。此外，雖然重複的播放可以將產品的名字印在顧客的腦海中，使顧客在需要的時候會想到企業的產品，這自然有利於學校引起顧客注意的目的，但是學生或家長在選擇學校時，通常不會單憑印象就衝動的下決定，而會再三了解產品品質後才決定所要就讀的學校。因此，這種重複播放以加深印象的效果對學校行銷而言，較沒有顯著的幫助，甚至可能因為不斷的重複播放而讓人覺得厭煩。此外，由於廣播的訊息稍縱即逝，因此若顧客沒有收聽廣播的習慣，則很難在聽到一次廣播時便記下報名或聯絡方式，這也是學校較少用電台廣播來做宣傳的原因之一。

## 二、報紙

　　報紙成為大眾化的傳播工具應從 1833 年的紐約太陽報算起，

由於紐約太陽報的內容符合大眾的興趣，因此很快的取代了以往以政治宣傳為主的報紙而走進大眾的生活裡。由於報紙具有讀者穩定、閱讀方便、時效性強、說服力強、普及性高、費用低廉等六個主要的特點（聶艷梅，2006），因此報紙廣告一直是學校廣告的主要工具。

### 1. 讀者穩定

報紙從 1833 年發展至今已經快兩百年了，一方面報社的各種管銷系統相當成熟，擁有一定數量的閱報民眾；另一方面則是由於民眾訂報通常會持續數年，因此讀者群相當穩定，藉由報紙發布的廣告通常可以有很高的到達率（消費者看到廣告的比率）。

### 2. 閱讀方便且訊息可以保存

報紙的訊息不但隨時隨地可以閱讀（當然我不是指在上班時間也可以閱報，否則被炒魷魚恕不負責），並且方便攜帶，重要訊息還可以剪下來保存以及傳閱，因此傳播力非常強。

### 3. 時效性強

雖然報紙不能像廣播或電視一樣隨時傳送最新消息，但是由於其消息的更換最多為一天的時間，比起雜誌等其他傳播媒介有較高的時效性。尤其現在又有早報、晚報的出現，使其時效性越來越強。

### 4. 說服力強

報紙很早就深入到一般民眾的生活中，一直以來便是許多民眾獲取資訊的重要管道，因此其所刊登的訊息通常具有一定的威信，而刊登在報紙的廣告也具有一定的說服力。

### 5. 普及性高

報紙的費用較為低廉，因此大部分的民眾都可以買的起，又由於報紙隨時可以閱讀，更不會因時段的限制而損失某一部分客群，所以普及性非常高。

### 6. 廣告費用低廉

購買報紙版面的費用比起電視廣告時段費用低廉許多，並且報紙廣告製作簡易，進一步節省了廣告成本。這對於經費不能自由運用的公立學校以及一些規模較小的私立學校來說，是最合用的廣告工具了。

報紙的版面應該要多大呢？一般來說版面越大，其所能引起的注意以及包含的資訊就越多，但是成本相對的也會提高。此外，報紙的文案以及圖片應該以什麼方式呈現呢？這其實與觀看的顧客也有關係，例如在小學階段，我們報紙廣告鎖定的是家長，那麼比較穩重的文字且重視學生成績的內容應該較為適合；但是如果是大學所做的宣傳廣告，因為我們主要吸引的是高中畢業生而不是他們的父母，因此文字以及圖片不妨活潑一些。一般來說，在版面的設計上還要注意幾個小地方，例如設計上不宜過分華麗，否則會給人「膩」的感覺；一次不要貪心的放太多的圖片，否則會使讀者眼花撩亂、近視增加好幾度；內容更要以最簡潔的方式傳達最豐富的訊息，絕不能過分重視形式或玩弄太多的花樣；最後商標以及聯絡方式一定要非常明顯，就曾經有企業在打廣告時竟然忘了凸顯自己的商標，讓許多讀者誤以為是其對手所做的廣告，結果廣告了半天卻反而提升了競爭對手的銷售量。

如果你實在不知道怎麼樣的廣告效果比較好，找兩三個家長還是你自己（別忘了你也是個消費者），花一兩天的時間瀏覽幾份報

紙，找出一些對你比較有吸引力的廣告，在分析這些廣告的通則，你就可以知道個大概了。廣告文宣中，一定要有讓消費者將懷疑轉換成信任的特殊訊息存在，因此適當的將學校成就的證明放上來是有必要的，千萬不要讓人覺得你在賣瓜，還自賣自誇。

## 三、電視廣告

電台廣播只有聲音，平面廣告只有文字和圖片，只有電視能將所要傳達的訊息栩栩如生的複印在顧客腦海中。電視的魅力無法擋，正如時下年輕人所說的「沒知識也要有常識，沒常識也要經常看電視」，毫不做作的指出了電視在現代社會中對資訊傳播的效果了。根據許安琪與樊志育（2002）引述 A.C. Nielsen 所做的調查顯示，台灣地區經常看電視的人口已經高達 86%，一般民眾有收看電視行為的比例也高達了 90%，而電視機的普及率更高達 99%，且有許多是一戶多機的擁有率，這更說明了電視在現代資訊傳播上的超強能力。但是電視廣告的最大致命傷在於其昂貴的製作成本以及購買廣告時段的費用，因此對大部分的公立學校以及較小型的私立學校而言，電視廣告仍是一個沉重、或甚至是承受不起的負擔。以往學校較少使用電視廣告來作為宣傳的工具，但是隨著有線電視台的蓬勃發展，許多地方性的電視廣告價格已經調降到學校可以負擔的水準，因此近五年來有越來越多的學校開始使用電視廣告作為行銷的工具。學校規模是影響學校是否適合使用電視廣告的一個重要因素，通常大型學校比較適合使用電視廣告，因為同樣幾十萬的電視廣告費用，對一年數億元開銷的大型學校而言，可能只是九牛一毛，但對小型學校來說卻是沉重的負擔。

## 四、專業雜誌

雜誌與報紙雖然同屬平面媒體，但是通常我們會把雜誌歸類為小眾傳播媒體，與報紙為大眾傳播媒體比較起來，更能針對目標市場做出最貼切的廣告。加以會購買某種類雜誌的讀者，對這些雜誌取向的資訊本來就會有比較多的興趣與接觸，因此通常讀者對所刊登資訊的理解性會較高，使雜誌上的廣告能夠包含比較深入的專業訊息。也因此，學校若在教育專業雜誌上刊登廣告，也會連帶著讓讀者對這學校產生「專業」的印象。雖然專業雜誌有以上的優點，但是由於教育產業一般顧客群是分散的（例如有些家長可能會看教育雜誌，但是有更多的家長寧願看壹週刊或時報週刊），而且看教育類雜誌的家長也不一定就有適齡的小孩，因此一般公立學校較不容易鎖定其產品的主要使用對象，來選擇適合刊登廣告的雜誌。但有些貴族私立學校還是會鎖定一些高消費族群常閱讀的雜誌，來進行行銷活動，例如高爾夫雜誌、天下雜誌、或遠見雜誌等等，一方面希望能讓家長對學校產生專業的印象，一方面也可鎖定其目標顧客族群來進行宣傳。但由於專業雜誌發行的間隔時段通常比較長（例如月刊、雙月刊或期刊），因此專業雜誌較不適合需要即時公告的推廣宣傳。

## 五、戶外廣告

戶外廣告媒體在廣告家族中算是曾祖父級的一個成員，因為早在很久以前戶外廣告就在各種文化中出現了。經過這麼多年來的演變，戶外媒體的種類更是多如牛毛，例如武俠劇或歷史劇中的燈籠和旗幟、電影兒子的大玩偶中的廣告人或三明治人、各種戶外廣

看板、電線桿上貼的海報、學校招牌、公車車體廣告、還有最近非常火紅的 T-Bar 和高科技時代的 LED 看板等等都是屬於戶外廣告媒體。戶外廣告媒體的好處是其價格一般較為低廉（台北小巨蛋和 101 大樓的外牆廣告算是特例），更因為廣告看板到處都是，車體廣告隨著公車到處奔跑，深入基層的大街小巷，因此戶外廣告媒體通常具有非常高的資訊傳達率。又由於戶外媒體幾乎不受任何時間限制的特性，更使其能傳遞消息給不同時段和族群的顧客。但是戶外廣告也有一些缺點，例如廣告內容無法隨時變化，廣告較不活潑、以及廣告版面限制使所含內容不能過於深入等等。由於戶外的廣告經費較為低廉，並且具有一定的效果，因此現在已成為許多學校爭相使用的推廣工具。

## 六、網路廣告

　　現代人找資訊要上網、打電動要上網、訂票要上網、與朋友通信要上網、甚至連註冊、交作業、打電話都要上網，網路已經是現代生活不可或缺的一部分了。但是，網路這傢伙到底是在什麼時候悄悄的溜進了我們的生活呢？回想一下吧！二十年前如果問你什麼是上網，除非你是頂尖的科學家，否則保證你不知道。網路真正問世是在 1969 年時，美國先進研究計畫部門（Advanced Research Project Agency, ARPA）首先發明出來作為國防資訊傳遞之用，但是網路傳播真正與社會大眾見面應該要從 1990 年全球資訊網路（world wide web, www）系統軟體開發完成以後開始算起，自此以後，網路便以一日千里的速度迅速蔓延開來了，而網路也就順理成章的成為宣傳媒體家族中最新的成員。

　　網路的廣告具有融合以往廣播、報紙、電視、雜誌、口碑行銷

的優點，他一方面可以即時播報任何最新的訊息、而其所含的資訊也可以用文字和圖片做進一步的表達以及儲存、它可使用豐富的影音系統靈活的呈現各種資訊、它可針對網友的特性進行鎖定式的宣傳、更可經由網友的互相傳送而達到一傳十、十傳百的驚人效果。但是，網路的訊息也有一些限制，最主要的限制當然是來自於硬體的設備，除非顧客家中有足夠的硬體設備，否則這些訊息根本傳不出去。另一部分的限制則是來自於顧客的資訊能力以及習慣，對於那些不太懂電腦的家長而言，網路傳遞方式根本派不上用場。此外，除非家長和學生都經常掛在網上，否則網路的即時性就只能適用於發送的一方，因為等到接受的一方開機時，新聞可能老早變成了陳年往事。最後，由於網路的傳播規範還不成熟，有時候傳出去的訊息遭到竄改或夾帶病毒，更會造成學校的困擾。因此學校在進行招生宣傳活動時，雖然多少會使用網路媒體，但是由於以上所列舉的各種問題，到現在為止，網路媒體在學校行銷上還是無法成為廣告的主要媒介。

## 七、廣告 DM

　　廣告 DM（direct mail）是許多家長獲得學校資訊的主要管道之一，廣告 DM 最大的好處是可以做到「高貴不貴」，這主要是因為只要能掌握潛在消費者的所在，那廣告 DM 就可以鎖定這些消費者寄發廣告傳單，因此其所發出的數量比起夾報或街頭派發傳單就少了很多，對於減輕成本有很大的助益。此外，DM 尚有使用靈活的優點，各學校可以依據自己的需要和能力隨時調整 DM 的設計，這包含了 DM 的品質、DM 的內容、DM 的發出方式以及送出的時間等等，都可以依照學校的意願來執行。至於什麼樣的 DM 會比較有

效呢？這裡我們以消費者接收廣告傳單時的每一個步驟來做分析。

　　不管使用的是哪一種廣告媒介，對於目標市場的事先調查是非常重要的，至少你必須要能掌握哪幾個家庭有你最想要的顧客、這些家庭大概都分布在哪裡、如果可以的話，你甚至應該要知道每一個家庭的背景以及地址，這樣才能以最少的郵件傳達到最多的目標顧客群。寄發廣告 DM 時，郵票一定要貼足，最好的方法是到郵局使用大宗郵件，一方面省錢，一方面也不用擔心郵資不足而無法送達。

　　許多人在接到廣告郵件時，第一件事就是拿起來哼一聲然後把郵件都丟到垃圾桶裡去，因此如何使拿到 DM 的人願意打開信封比如何送達這些信件更為困難。下列幾種做法可以增加收件者的閱讀率，首先是在信封上開個小洞，洞裡面正好呈現出免費試讀、贈送小禮物、或贈送優待券等等吸引人的語句，或甚至把這種關鍵語就直接印在信封上（但句子一定要非常簡短），這些句子對價格敏感的顧客自然會有一定的吸引力。但是當我們面對的是經濟優渥的顧客時，他們可能不會在意那些小禮物或優待券，這時更重要反而是要把信封設計得很有質感，雖然這樣會使成本稍微提高，但是只要能因此多招到三、四個學生，那麼這些多出來的成本馬上就可以被多出的學費收入抵消了。

　　當收件者拆開信封後，廣告 DM 更要有吸引他們繼續唸完的設計。因此 DM 的內容要簡單、明瞭、有趣，否則根本沒人要看。有人認為廣告 DM 或報紙夾報永遠不會有人要看，因為百分之九十的 DM 是與收件者沒有關係的廣告，他們當然不想看。但是當一個家庭裡的小孩需要升學擇校時，當他們苦於找不到足夠的學校資訊時，學校的 DM 或傳單對他們可是及時雨，很難不拆開來看一看。此外，不只信封印刷要精美，DM 的內容及印刷更需要特別用心。

一張黑白的宣言或紅底黑字的宣傳單給人的感覺就是不夠高級，如果學校鎖定的顧客是經濟較差或價格敏感度極高的顧客群，那或許還可以用超低價格來打動顧客的心，否則這麼一封沒有質感的 DM 寄出去以後，可能大家已經把你的學校定位成低品質的學校了。最後，廣告 DM 一定要留下明顯的聯絡方式，讓顧客知道他們要如何行動，如何取得更多資訊，如何來學校報名，因此在 DM 內容中留下學校地址和電話，甚至是印上一張小小的引導地圖都是非常貼心的設計。

　　以上列舉了這麼多的廣告媒介，那到底學校要採用哪一種廣告媒體比較好呢？事實上，不同學校會有不同的考量，如果招生範圍很大，那廣播、報紙和電視等大眾傳播媒體的廣告就比較合適，但是如果範圍很小，則不妨採用戶外廣告或 DM 宣傳單。例如以幼稚園來說，由於其目標顧客可能只是某個村子裡的小朋友，那以電視廣告將訊息傳到全縣或全國似乎就有些浪費了。但以大學來說，由於其招生範圍廣及全國，那以廣播或電視來傳播會是比較能保證訊息能傳達到最多的目標顧客群。此外，學校也一定要衡量自己有多少的經費來製作廣告，千萬不要試圖以低廉的經費就想用昂貴的廣告媒介來造成驚人的效果，否則弄不好時反效果也一樣會是驚天動地、風雲變色。

　　至於廣告的頻率要多密集才能引起注意呢？這與產業有關，通常汽車廣告會比藥品的廣告來得容易引起大家的注意，因此就算播放的頻率不是很密集也能引起注意。因此廣告並不是叫得越久、叫得越大聲就越好，廣告要適可而止，如果是要建立印象的密集性廣告，時間千萬不要太長，否則不但耗費大量的金錢，更容易造成顧客彈性疲乏，甚至引起反感而得不償失。此外，廣告還是以傳達訊息為主，只要目標顧客能收到訊息就算大功告成了，接下來就要靠

產品的品質以及其他策略的輔助來吸引顧客了。千萬不要以為大聲叫賣顧客就會過來，因為在你叫賣的同時，你的競爭對手可能站上更高的屋頂用更大聲的擴音器叫得比你更大聲。因此，千萬不能本末倒置的以為廣告就是行銷的全部。

最後，廣告的時間點也非常的重要，在剛開學後的廣告是最沒有用的，因為今年該來的學生都已經來了，未來的學生還不準備了解太多的學校訊息，這時投資過多的資金在廣告上等於是浪費。一定要等到所有的顧客都心裡癢癢很想知道的時候來使用廣告才是最有效的廣告。通常招生三個月前可以試著以幾十秒的廣告來建立潛在學生對學校的基本印象，讓他們知道有這麼一個學校。等到學生選擇學校的決定點前一個月，就可以用較長的電視廣告或篇幅較大的報紙廣告來提供學生更多的資料，適時給予他們最想知道的訊息。

# 第二節　促銷策略

什麼是促銷呢？簡單的說就是在短時間內或是針對特定的某些人所給予的一些優惠促使顧客加速作出購買的決定或購買更多的產品。雖然廣告與促銷都是吸引消費者來購買的推廣工具，但是促銷與廣告並不一樣，促銷主要是以額外的利益來激勵消費者儘速購買，而廣告卻是以購買的好處或不購買的壞處為理由告訴消費者為什麼要來購買（由磊明，2006）。

商業界促銷的手法真是千奇百怪，什麼工廠倒閉跳樓大拍賣，什麼老闆跑路俗俗賣，但令人納悶的是這工廠怎麼一倒再倒，倒了十幾年了還在倒。連百貨公司也來插一腳，沒事就來個週年慶、母

親節專案買千送百等等，如果業績不夠好，那就再加上個端午節檔期，買五千送五百，其實主要還是要叫消費者趕快來購買。

為什麼世界上有這麼多的促銷手法呢？促銷真的有那麼大的好處嗎？以下是一些促銷可能帶給企業或廠商的好處：

### 1. 幫助顧客入門

這是促銷最常見也是最主要的目的。日本行銷專家佐藤義典一再的提醒行銷人員，顧客在購買東西的時候其實是存在著許多心理障礙的，要顧客掏腰包多少都會產生心理抗拒，因此行銷人員的工作就是要想辦法讓消費者的這種心理抗拒降到最低。他接著又說，即使只是很小的東西，只要買過一次的顧客，接下來要再次購買的心理障礙就會相對降低，因此在推廣產品最好能先讓消費者降低戒心，進一步要消除戒心，最後則是要擄獲他們的心。而促銷便是幫助顧客消除戒心的最佳方法（趙韻毅譯，2007）。

### 2. 幫助小企業應付大企業的競爭

一些規模較小的企業在面對規模較大的競爭者時，常常會因為進貨量不如大型企業而必須負擔較高的進貨成本。但是若小企業採用促銷手法則可以因為薄利多銷而增加出貨量，進而降低進貨成本。但是採用這種薄利多銷的手法時必須非常小心大企業可能的報復行為，尤其是當所吸引的顧客量已經危及大企業的業績時，價格戰就可能一觸即發。到時候大企業挾其資金的優勢，小企業必然會傷亡慘重。

### 3. 滿足對價格敏感的顧客

「買青菜送一把蔥」在傳統市場中似乎是天經地義的事了（除

非蔥價大漲）。同樣的道理，「買化妝品送一堆試用品」好像也是百貨公司化妝品專櫃該當如此的行為。對那些價格特別敏感的顧客，就算是認為商品的價格已經非常合理了，如果沒有折扣或一些贈品，還是會讓一些習慣拿蔥的顧客有「買貴了」，或是「就是少了哪麼一點點」的感覺，而促銷手法中，小禮物或試用品的贈送，正是要讓這些顧客認為他們所付的價格已經是無懈可擊的。

### 4. 提供好價錢給好顧客

不管是產品或服務業的定價都是一視同仁的，這樣可以給所有顧客定價公平的感覺。但是有些顧客對業者來說明明是所謂的「好顧客」，例如常來購買、購買態度很好、不殺價、購買量大、忠誠度高，但是若對這些顧客施以太過明顯的差別定價，可能會引起其他顧客的反彈，因此寄一些折價券給這些顧客，或在購買時提供一些贈品，也同樣可以達到市場差別定價的目的。

### 5. 應付波動的環境

產業界商品常會有景氣時段與不景氣時段（或大月、小月）的差別，在小月的時候就要將商品儲存起來，等到大月的時候再儘快出清。但是服務業或教育業的商品是不能儲存的，小月的時候沒有顧客上門，則人力物力因為不能儲存而白白的浪費。因此服務業在景氣不佳時，便需要靠著促銷手法刺激顧客的購買需求，以減輕因景氣波動所造成的損失。

那麼要如何來進行促銷呢？對教育而言，較為常用的促銷方法大致可以分為下列幾種：樣品（sample）、折價券（coupon）、短期折扣（short-term discount）、贈品（gifts）、和抽獎（prize）。

# 一、樣品

　　所謂樣品策略就是要讓顧客有機會免費或以較低的價格來使用我們的服務，然後再以服務的實際品質留住這些顧客。服務業常常會使用樣品策略來吸引顧客，例如一堆「體驗價」的傳單，還有買化妝品的試用品都是，在教育界通常稱為「試讀」。當然試讀不一定是免費的，通常會規定少數幾天是免費的，然後就要開始計價了。有時候只是一、兩個小時的試讀，便可以當場招收到不少願意長期就讀的學生，而其他陸陸續續因試讀滿意而來報名的學生就更多了。不可否認的，試讀的教學品質往往會高於一般時候的教學。這主要是因為學校可以將一整年的上課內容擇優安排於緊湊的兩個小時內呈現出來，但家長或學生卻又很容易將試讀的品質與一般課程的品質畫上等號。此外，有些試讀是安排學生在一般的課程中隨班就讀，這時能否留住顧客除了學校課程本身的品質外，很大一部分卻是要由顧客的特質來決定。有些顧客很容易就能和其他小朋友打成一片，這時候家長想要反悔讓他退學都很難；但是也有少數的小朋友就是沒有辦法融入上課的氣氛中，就算課程再好，如果小朋友不捧場也沒辦法奏效，因此，試讀時教師的臨場引導也是非常重要的一部分。當然教育層級越往上攀爬，則課程的內容就越重要，例如國中的試讀或補習班的試讀，課程與師資才是影響顧客留下與否的關鍵。事實上這也是服務業行銷的一個特點，畢竟教育事業產品的品質不像產業界是完全掌握在企業組織手上的，學校產品的品質有很大的一部分是掌握在顧客的手裡，因此學校除了課程發展外，更需要重視教師與學生的互動過程，才能真正造就高品質的產品。但是無論如何，樣品、體驗、或試讀總是讓顧客進門的一個好方法，無論門外過往的顧客有多少，無論企業組織或學校再怎麼神通

廣大，如果顧客不進門，那麼學校連銷售的機會都沒有。

## 二、折扣

　　企業組織常常會以折扣的方式來吸引更多的顧客上門，或鎖定一些長期的顧客。這種折扣有時是以時間為標準的，例如新學校或重新開幕的學校通常就會使出嚐鮮大減價的折扣方式來吸引學生前來就讀。此外，有些學校為了能及早達到招生的目標，也會來個開學大打折，希望在很短的時間內就能招收到很多的學生，一方面能立刻獲得充足的現金收入，另一方面也可以因報名人數激增而做出「報名盡速，以免向隅」的廣告，並以此為學校的品質「掛保證」。

　　除了以時間來訂出折扣的標準外，當然還可以用其他條件來訂標準。例如在報名時，若一人獨來要收 100% 的學費，兩人同行則第二個人打八折，三人套餐則所有人都打八折。相信大家都看過旅行社的這類促銷活動，而教育界也不乏這種促銷活動。此外，對於熟人、長期顧客、或試讀成績達到一定標準的學生通常學校也會給予一定的折扣。

## 三、贈品

　　贈品也是企業組織用來吸引顧客的好方法。贈品的選擇最好是與產品有一定的關係，並且品質和實用性也非常的重要。當然這種贈品與你在台北市忠孝東路閒逛時拿到的贈品品質和作用有時會差很多。忠孝東路的贈品由於需要應付川流不息的廣大人潮，而且發出一百份都未必有一個人會來光顧，因此通常都會盡量壓低成本，所以路人通常拿到的會是印有公司行號名稱和電話的面紙。如果

只是要讓家長或學生對企業組織留下印象，那大可以在潛在家長或學生可能出沒的地方來分贈，例如現在很多的補習班、幼稚園、或安親班都會選在小學或幼稚園辦理園遊會、運動會的時候來分發墊板、傳單等等的贈品，或只是在聯考的時候分贈冰涼的飲料或扇子等嘉惠考生的贈品，當然這種贈品與忠孝東路的贈品一樣，由於要發放的人數眾多，且會受到贈品激勵而來就讀的學生比例卻很低，通常這一類的贈品都會以低成本為主要考量。

贈品的另一種使用方式則是針對學生來校參觀所得到的贈品，也就類似百貨公司的來店禮，而其目的當然是希望藉由這些贈品讓學生到學校來參觀訪問。既然顧客都已經上門了，而且人數也不會太多，這時贈品當然就不能太過寒酸。對幼稚園的小朋友而言，通常會送上一些玩具，但是對國高中以上的大朋友最好是送一些文具。贈品不一定要很昂貴，但是品質一定不能太爛，否則贈品的爛品質很容易就跟學校的品質畫上等號，因此如果要送上三本爛筆記本不如送上一本精美的筆記本來得有效些。

贈品的最後一種形式是針對猶豫不決的顧客。當某些顧客是否要買某樣產品時，如果他考慮再三還無法做決定，通常降低售價或給予贈品便可以發揮臨門一腳的功效。尤其當學校不想破壞價格行情時，通常會採用贈品策略來堅定顧客就學的決心。通常這種贈品會與學校的課程相關，例如免費或優待的才藝補習或課業補習，甚至是提供免費的教科書或學用品等等都是學校常用的贈品策略。

## 四、診斷或教育

許多的服務業會以辦理免費診斷或說明會等等的活動，來吸引對某類產品有興趣的顧客來聆聽，然後再針對顧客的問題或需要提

出哪類產品對他們最為有利的建議。這種診斷服務的範圍很廣，較常見的有電腦維修、身體健康檢查等等，如果顧客各方面都沒有問題，那恭喜這位顧客，你免費得到一次電腦或身體的健康檢查。而當廠商發現你的電腦或身體有什麼問題時，這時就是他們銷售自家產品的最好機會了，許多顧客會因為已接受服務而不好推辭，或因為真正需要進一步的服務而選擇這些提供服務廠商的產品。

　　學校也經常會辦理這種活動，例如補習班可能會辦理英文診斷考試，並告訴學生需要如何來增進他們比較有問題的項目，當然了，最終的目當然也是要學生來購買他們的產品以解救有問題的項目。幼稚園和私立小學更經常會舉辦一些說明會，在這些說明會中他們會強調學生需要哪些資源才能好好的發展和學習，並告訴家長如果不注重學生的這些需要的話會有哪些可怕的後果，如果注重這些需求的話學生又可以如何的大富大貴，當然最後學校會將這些需要和他們學校的產品做一個緊密連結。那麼學生或家長會不會想要來參加這類型的說明會呢？答案是肯定的，因為家長還是非常關心他們子女的教育，許多家長如果收到這一類說明會的通知時，多會踴躍前往聆聽並發問，當然如果家長認同學校辦學的理念和其產品，則購買學校產品將是他們下一步的動作。

## 五、抽獎

　　抽獎是許多服務業經常使用的招攬顧客的方法，但是在學校比較少見到這一類的宣傳手法。如果有的話，也只是一些為了蒐集潛在學生資料所做的一些問卷，通常會在說明會或一些活動中鼓勵學生或家長填寫，並且從填寫的問卷中抽出幸運的家長及學生。通常這種抽獎活動所需的費用較低，而且贈品的品質通常較高，對哪些

已經厭倦拿許多沒什麼用的小贈品的家長而言，抽獎有時候會有意想不到的吸引力。但是由於有些人還是會將抽獎和賭博連在一起，因此在教育上要使用的話需要非常小心，以免因此影響辦學者的形象。

# 第三節　公共關係

　　十年前左右當我在大學擔任校長特別助理時經常要處理一些學校公關事務。學生如果一大早來到校長室，一定會誤以為校長室是天下最悠閒的單位，因為從各組組長到工友全都在看報紙，認真的程度絕對不下於唸一篇深奧的論文。「找到了，刊在這裡」驚天動地的一句話頓時化解了整個校長室的緊張氣氛。不錯，我們看報紙並不是為了追星星聊八卦，而是在找關於本校的新聞，希望能藉由新聞的報導將學校的名聲宣揚出去。

　　但是要讓學校的新聞被刊登出來可不是件簡單容易的事，只要一聽到學校有任何的活動，公關組組長就會馬上趕過去採訪，衝回辦公室後還要立刻振筆疾書，將採訪內容寫成新聞稿並以最快的方式傳送到記者手上（雖然遇到重大事件大部分的記者會親自來採訪，但是提供新聞稿給記者參考仍然有助於內容的完整性）。由於許多大型活動是安排在假日舉行的，因此對公關組來說，週末例假日只是拿來做參考用的，很少真的能有一整天的休息時間。有時為了應付記者不同的寫作取向，一個活動甚至要寫上幾個不同版本的新聞稿，而傳給各報記者的活動照片也不能完全一樣。第二天到校的第一件事就要緊盯著報紙猛找新聞，更要進一步檢討有多少則新聞被刊登出來，這些新聞是刊在哪一報、登在哪一版、篇幅有多長、

圖片有多大、圖片是彩色的還是黑白的、內容是正面的還是負面的等等。總算皇天不負苦心人，靠著公關組同仁的努力，每天都會有一兩則學校的新聞上報，而學校的名聲也漸漸的拓展出去。

## 一、公共關係與行銷廣告的差異

但是刊登新聞、舉辦活動與記者互動等只是學校公共關係一小部分內容。事實上廣義的公共關係包含了所有與學校有關的人、事、地、物。一些公共關係的書籍甚至將行銷列為其中的一個章節，認為行銷只是公共關係活動中的部分內容罷了。諷刺的是，大部分的行銷書籍則把公共關係當成是行銷推廣策略的一部分而已。當然我們沒有必要在這裡討論到底是公共關係包含於市場行銷中，或行銷活動包含於公共關係內，畢竟兩者的確有許多相同點，尤其是公共關係和行銷廣告幾乎是採用相同的媒體工具在進行宣傳。我們比較感興趣的反而是公共關係和行銷廣告是否有哪些差異，因此現在就讓公共關係和行銷廣告進行捉對較量，以釐清公共關係和行銷廣告間的差異。

首先是兩者的目標並不一樣。公共關係最主要是要建立長期的夥伴關係，著眼在與利害關係人搭起友誼的橋樑，更希望能建立顧客的忠誠度，以確保企業的長治久安。但是廣告宣傳最主要的目的卻是要賣東西，要吸引顧客來購買我們的產品，其著眼點經常會是某一段時間內業績的成長。

其次是媒體運用的方法不同。雖然行銷廣告所使用的媒體和公共關係所使用的媒體極為相似，但是行銷廣告必須由企業出錢來購買版面或播放時間，而公共關係最主要靠的卻是以各種活動來吸引媒體的注意，並希望能因此搏取有利的版面。行銷廣告是依賴付

費來買版面，不但口袋要大失血，更因為這些訊息是屬於學校可以控制的訊息，因此讀者對於這些花錢刊登出來訊息的真實性多多少少會打一些折扣；反觀公共關係是靠各種活動來爭取版面，而訊息更多半以新聞報導的方式來呈現，因此其內容較容易受到顧客的信賴，當然宣傳效果也比較好。

行銷廣告和公共關係所針對的宣傳對象也有差異。行銷廣告通常會鎖定最合乎市場利益的族群或所謂的目標市場來做宣傳，因此其顧客的範圍通常較為狹隘，以教育來說，最主要的對象就是現有以及潛在的學生和家長。但是公共關係的顧客族群就非常廣泛了，所有與企業營運有關係的任何人或機構組織都是公共關係必須負責的工作範圍。以學校來說就包含了教師、學生、家長、社區一般民眾、民意代表、媒體記者、各種社團及非營利組織、企業、甚至是政府上級單位等等，且各族群間的差異性非常大。

由於兩者宣傳對象不同，宣傳內容自然也會有很大的差異。行銷廣告的內容通常會試著以一種內容來吸引不一樣的顧客，例如麥當勞的廣告就沒有分針對政府官員所作的廣告、針對教師的廣告、以及針對學生族群的廣告，而是希望以一種相同廣告就能吸引各種不同族群的注意。而學校的行銷廣告更是如此，因為其鎖定的通常是同質性更高的群眾，例如家長和學生，因此學校行銷廣告的宣傳內容通常也只有一種。但是公共關係所面對的群眾差異性極大，因此其宣傳的內容就必須量身訂做。例如學校告訴學生要努力用功，告訴家長學校會好好的照顧學生，提供政府官員各種學校財政或學生成績的數據、對環保團體解釋學校如何教育學生環保知識，以及學校垃圾分類的實施計畫等等。你總不可能去叫政府好好的用功念書，提供環保團體學校財政支出數據或學生英文成績的統計數據吧！

最後，廣告宣傳和公共關係所面對的公眾性質更是完全不同。行銷廣告面對的是一群被動的群眾，因此企業組織便需要主動出擊才能接觸這些群眾。學校要進行招生宣傳通常會透過各種媒體，甚至是家庭訪問，主動去接觸潛在的家長或學生，總不可能等家長來到校門口時才開始要來進行招生宣傳吧！可是公共關係面對的通常是非常主動的群眾，例如某年某月的某一天有小朋友從四樓爬窗戶不慎摔到地面，當然這時家長會馬上到學校來、警察和救護車也會在第一時間衝過來、記者當然要殺過來，還有許多的民意代表也會不請自來，而政府官員更是飛也似的趕過來，深怕來得不夠快的話反而使自己變成新聞的焦點。因此公共關係要面對的群眾，除了平日要主動接觸的各種被動的公眾外，更重要的是要去經營和解決這些主動群眾的各種問題，因此危機處理能力就變成公關人員最需要的知能，此與廣告宣傳有著極大的差異。以下我們就針對學校公關中最需要經營的媒體關係以及社區關係做更進一步的探討。

## 二、媒體關係

公共關係和媒體是密不可分的，媒體可以在很短的時間內提升學校的形象。在本章一開始所舉的校長室看報紙的經驗就是一個非常好的例子，但請千萬別拿這個例子來當作您以後到在辦公室翹二郎腿看報喝茶聊天的藉口，因為看報紙也有一堆看報紙的門道。對公關人員來說，看報紙除了要找出當天各種與本校短期或長期有影響的相關消息外，當然更想要的是報紙中能刊登出本校的消息。

對一個用心的公關人員來說，除了計算刊登次數外，還需要統計每篇報導的長短；學校名稱在該篇報導中被提到的次數；報導性質屬於正面、中性、或負面；照片或表格資料被引用的次數；該報

紙的售量或電視節目的收視率；刊登在報紙的第幾版或電視節目的時段；該報紙主要讀者或收視者是否為學校的目標顧客群；當然如果有能力的話，也應該以各種簡易的市調法來了解該則報導對讀者的影響力。

有了以上各種資料後，除了對一些負面新聞必須立刻報告主管立刻處理外，對各種錯誤的報導更應該要提出因應的意見，甚至要立刻著手撰寫澄清的新聞稿，才能將傷害降到最低。而在每個月或每半年更應該要進行一次總檢討，除了要分析這段時間學校的媒體經營效率外，更要進一步了解報導的趨勢，報導的內容是否就是學校最想傳達的訊息，以及這些報導對提升學校形象到底有多大的影響。最後則基於這些分析的結果，提出學校公關部門或公關負責人員未來經營的重點和時程表。

除了以上繁重的資料整理工作外，公關人員更需要隨時去挖掘新聞，了解學校有哪些活動是媒體會感興趣的，並且在該活動舉辦前就要先蒐集相關資料，以便在採訪或撰寫新聞稿時能加強訊息的深度。而了解各種報紙的讀者群或電視節目的觀眾群，也是公共關係人員必須要做的功課，例如《人間福報》或《國語日報》等，對國民小學來說就是非常重要的公關媒體，但是對大學而言，由於其主要顧客較少訂閱這些報紙，其宣傳效果顯然就小多了。

不容否認地，媒體記者的筆（或他們的電腦）擁有著極大的力量，他們不需要做假消息，只要在報導中稍微玩一下文字遊戲，便可以扭轉整個訊息的方向。例如以「屢戰屢敗」作為學校參加比賽的標題，看起就會給人「很爛」的感覺，因為文字傳達的訊息是每次出去都被打得淅哩嘩啦；但是如果其所下的標題是「屢敗屢戰」，聽起來卻是每次失敗都還能不屈不撓的勇往直前，需要大家繼續的鼓勵和支持。因此，公共關係人員除了必需要會做事以外，更要能

與媒體建立起長久良好的互動關係，以便在遇到學校有負面新聞時，縱使媒體基於其職業道德不能扭曲事實，其字裡行間的變化，還是可以降低負面報導對學校所可能造成的傷害程度。

那麼要如何和媒體記者建立好關係呢？首先，不要只想要利用記者，而是要往雙贏的方向去經營彼此的關係。公關人員需要報導，記者卻需要新聞，因此適時提供重要消息是建立良好互動的第一步。通知訊息時切忌對記者大小眼，如果經常對大報記者畢恭畢敬，對小報記者卻不理不睬，小心哪天幾家小報來個聯合報導，或是對你的正面新聞不理不睬，對你的負面新聞卻給予獨家特別報導，學校可經不起幾家報紙連續幾次負面攻擊。

當然更重要的是不要去欺騙記者，發生了事情雖然不需要一字一句的全盤托出，但也不能刻意隱瞞或甚至扭曲事實，畢竟紙永遠是包不住火的，一次欺騙行為可能就會破壞長期辛苦建立起來的互信關係。當然你會希望記者都不要去報導學校的負面消息，但是請不要忘了「好事不出門，壞事傳千里」的古訓，既然民眾最想看的是負面消息，而報導民眾想看的消息又是記者的工作，你實在很難要求記者看在長期交情上就去封鎖某件消息。畢竟對媒體而言，最怕的不是沒有獨家消息，而是獨漏了某件經天動地的大事。此外，遇到某報紙在您不知情的情況下爆出了負面消息，千萬不要去質問記者消息來源，該關心的應該是要如何來修補這負面消息的影響，以及如何對這負面消息的根源進行改善。咄咄逼人的質問或充滿心機的套消息對學校不但沒有好處，更容易升高學校與媒體間的緊張關係。

「見面三分情」是中國人建立友誼的重要方法。公共關係人員應該主動尋求與媒體溝通的機會，甚至連學校的領導人（校長或其他一級主管）也需要和記者保持聯絡。偶爾和記者們餐敘不但可以

拉近學校和媒體的距離，更能夠增進彼此了解。當然這裡指的不是逢年過節就一定要去吃大餐、送大禮，總認為「吃人的嘴軟，拿人的手短」，飯吃得越好禮送得越大就越能收買人心。事實上，記者們都很忙，他們也未必想要去吃大餐，更有不少記者會主動退還學校所送的大禮。但是，如果某天記者到學校來進行專題採訪時，送些學校的小小紀念品以感謝記者採訪的辛勞卻也是無傷大雅，人之常情。

　　舉辦校內或校外的活動是學校吸引記者來採訪最有利的工具。但是並不是所有的活動都具有吸引力，也不是越花錢的活動就越好。人騎馬是天經地義，人騎豬卻多少有些新鮮感了，而如果哪一天某個名人騎了某隻神豬，那可就是個大新聞了。為什麼呢？因為稀少性和新鮮感是新聞吸引觀眾的基本要素。因此，如果學校要辦活動，就要辦出能讓記者和民眾感興趣、覺得新鮮的活動，這除了必須了解報社以及記者們篩選新聞的傾向外，更需要對哪些新聞會造成社會共鳴有一定的敏感度。在決定辦理活動時，便可以朝這個趨勢去設計。這些活動一方面要合乎記者和閱讀群眾們的胃口，一方面也要適度的提高活動的新鮮感，如此才有機會增加學校的曝光度。當然，在提高曝光的同時，更要考慮此曝光的結果對學校形象提升到底是正面或負面的影響。例如某大學在活動中花錢請鋼管女郎大跳艷舞，雖然具有足夠的新鮮度，也獲得媒體的大篇幅報導，但是對學校形象提升不但沒有助益，反而引來各界批評。

## 三、社區關係

　　學校是社區的一部分，而中小學的學生更是主要來自於學校附近社區，因此學校在社區中若形象良好，不但有助於招生工作的

進行，更能從社區中獲得許多經營學校的援助。那麼學校要如何來經營社區公關呢？第一步當然是要先了解學校所在的社區的人口結構，這包含了社區內有多少人口，大部分家庭是單親家庭、小家庭、核心家庭或大家庭、是年輕人外流嚴重的社區或是充滿活力的新興社區，社區中主要宗教信仰為何等等；另外也要了解社區經濟情況，例如這個社區是農業社區、工業社區、商業社區、或文教社區，社區中主要的經濟命脈為何？社區家戶平均年所得大約是多少？社區貧富差距情形為何等等。社區權力結構是另一個需要了解的主題，例如那些人是社區中主要的意見領袖，社區中是否有派系存在、社區中誰具有較高的政治實力、社區中有哪些主要的團體組織等。社區民眾對教育的態度當然更是學校所必須了解的，社區民眾整體來說，對教育是否支持、父母是否重視孩子的教育、社區民眾對教育觀念是採取放任態度或支持嚴格管教等等。在了解社區基本資訊後，接下來便要真正走入社區進行公關活動。以下是一些學校可以採用的做法：

為了要增進學校與社區彼此了解，增加彼此接觸機會是絕對必要的。因此在獲得社區各種資訊後，學校公關人員或校長就應該要主動進入社區去拜訪各重要人物，拜訪的對象可以先鎖定社區鄉鎮長以及村里長、民意代表、地方耆老以及宗教和其他民間社團領導人，因為如果能夠獲得這些人的支持，那麼學校在辦理許多活動時通常就能達到事半功倍的成效。除了拜訪這些人以外，學校更應隨時注意社區中有哪些活動，並積極參與這些活動，例如村里民大會、廟會、婚喪喜慶和社團活動等等，都是學校與社區促進彼此了解的最好機會。當然，除了校長和主任以外，也應該適當的讓學生和教師參與社區經營任務，例如對學校周邊環境的維護工作，由學校各種社團到社區中進行免費的表演，或與社區中的老人聊天等義

務性活動，也是拉近社區和學校距離的好方法。

　　學校除了走進社區外，也可以藉由各種機會邀請社區民眾到學校來。例如學校舉辦校慶、運動會、園遊會、畢業典禮以及各種展覽等等，都可以請社區的民眾來參與。當然學校更應該善用各種傳播媒體，主動的幫助社區民眾對學校有進一步的了解，例如依靠報紙、傳單、校刊、廣播、甚至是有線電視等等將學校辦學理念、最近的努力方向、學校最近的活動、以及各種豐功偉業，都應該要與社區民眾來分享。此外，學校也可以邀請社區民眾來協助學校辦理活動，甚至是由社區民眾來協助學校的教學活動，例如由不同職業的社區民眾到學校來講解各行各業的情形、或請社區民眾捐款協助學校精進教學成就、以及由社區民眾幫忙學生上下學的安全維護等等。

　　除了由社區來服務學校外，學校當然也要進行社區服務。學校可以適時的以其特有的資源來協助社區辦理各種活動，例如社區有展覽時派學生擔任服務人員、或請學校各種社團深入民間進行服務。在非上課時間開放學校場地如運動場、游泳池、教室、圖書館或停車場等等提供社區民眾使用。學校也可以提供社區諮詢服務，以學校教師的專業來提供社區各種活動或疑難雜症的解決建議等等。最後，學校更可以辦理各種的社區教育課程，例如親職教育、媽媽教室、外籍配偶進修班等等。Kliminski（2000）就曾語重心長的警告，許多強調建立社區關係的學校最後都發現，一味的要求社區提供學校資源的協助是不會有長久的效果的，學校更應該要想想如何透過幫助社區來贏得社區的支持。而在幫助社區的各種活動中，又以提供適當的社區教育最為有利。所謂社區教育便是要利用學校的資源來推動社區的教育活動，這不但能讓學校成為社區的教育中心，增強社區居民對學校的向心力，不但能免除許多學校和社

區的衝突，還能獲得更多社區資源的支持；並且，經由成功的社區教育還可以營造一個高水準的社區環境，讓學校可以在一個正向的社區文化中繼續發展；最後，學校更可以藉由提高社區居民的教育水平，使社區居民有能力與學校合作，讓學校的學生在放學後還能獲得適當的家庭教育。

# 第四節　人際行銷

所謂人際行銷指的是藉由面對面的溝通來進行行銷活動，而其推廣方式又可以進一步的細分為人員推銷以及口碑行銷兩種截然不同的推廣方式。

## 一、人員推銷

人員推銷通常需要比較高的成本，因此在商業界中以企業對企業（business to business, B2B）的推銷較為常用，企業對個別顧客（Business to customers, B2C）的人員推銷則因為要針對每一位顧客進行推銷所需要的成本太高而較少見。人員推銷最主要的好處，是對那些會考慮再三才購買的顧客，能夠給予較深入的說明，而同時行銷人員也能獲得顧客第一手的回應，提供公司作為將來改進產品的依據。此外，行銷人員在面對完全不一樣的顧客時，可以隨時調整自己的態度和所要講的內容，來契合顧客的需求和習慣，而不至於像一般大眾行銷工具只能傳遞統一的訊息。最後，人員行銷更可以經由人際間的溝通，讓許多原本對企業或學校存有疑慮的顧客有較高的安全感（Stimolo and Vosburgh, 1998）。

　　雖然人員推銷在一般企業界較不常用，卻是學校非常重要的一種行銷方法。這主要是因為學校的產品屬於顧客會深思熟慮後才購買的產品，因此由行銷人員面對面的對家長進行產品的解釋可以讓家長對產品更具信心。甚且，學校的人員眾多，而行銷經費卻嚴重不足，因此在各種需要經費支持的行銷方式都不可行的時候，人員行銷似乎就成為學校最常使用的方法了。也因此，每到招生的季節，各學校便會卯足全力的動用學校成員到潛在學生家裡，或潛在學生就讀的學校中進行行銷活動。私立學校在這一方面已經有很長的歷史，而到各個家庭去進行招生訪問更已經被視為是學校成員的份內工作。公立學校近來也經常到學生家裡進行行銷工作，但是卻多還只是以行政人員為主，此與私立學校全校總動員的情況相比仍然有很大的差別。

　　由於人員推銷是以人為主要的媒介，因此對於人員推銷知識及技巧的訓練就十分的重要。「推銷員拼命的推銷，顧客卻沒命四處逃竄」這是一般人對推銷人員窮追猛打的印象，當然，每個銷售員都會希望趕快的完成交易，趕快的把東西賣出去，但也常常因為這種衝動而忘了顧客永遠都是為了自己的利益在購買東西，他們才不管銷售員會有什麼需求或慾望（黃瓊仙譯，2005）。因此當銷售員的慾望變成顧客的壓力時，顧客多半會虛應故事的請走學校行銷人員，不然就是三十六計走為上策，或甚至是惡言相向。因此，學校一定要注意到銷售人員的訓練，而不是到了招生期間才臨時將教師分派出去就行了（學校人員招生實務請詳見本書第八章第三節）。

## 二、口碑行銷

　　口碑行銷一直都是行銷中最強而有力的工具，但同時卻也是企

業組織最難以管控的傳播工具。口碑行銷為什麼這麼強而有力呢？
最主要是來自於以下幾個原因（Silverman, 2001）：

### 1. 可隨時調整傳播內容

口碑行銷是活生生的行銷，而不像傳單、報紙或電台廣播是印
在紙上或飄在空中的固定訊息，因此可以依情況隨時改變傳播的內
容。口碑行銷的出發點經常會是回答有興趣者的問題，例如「你這
隻手機看起來很漂亮耶，好不好用呢？」或是「我的小孩最近要唸
幼稚園，不知道哪一間比較好？」，由於是回答詢問者的問題，詢
問者當然會洗耳恭聽，並且很快的將你的意見列入購買的參考。

### 2. 聽眾信賴度高

由於口碑行銷很多時後是由學校以外的人傳出來的，因此不管
這些傳來傳去的是實話、流言、或耳語，通常比較不會被當成是學
校在「老王賣瓜，自賣自誇」，因此可以讓顧客更願意去相信這些
話的內容。

### 3. 顧客參與性高

我們說過人際行銷最大的忌諱就是對著客人窮追猛打式的行
銷，因為這樣有時非但無法讓客人信服，甚至會給予顧客「這傢伙
就是要騙我花錢」的感覺。但是口碑行銷的過程通常可以隨顧客自
己的意願選擇繼續或停止，就算是由顧客發問，他們還是可以隨時
以其他的話題停止這一方面的討論，由於接受資訊時的氣氛多屬於
沒有壓力的閒聊，因此顧客願意花上較長的時間去深入探討和了解
產品的資訊。

### 4. 傳播效率快

　　口碑行銷的力量之所以那麼大，主要是因為傳播速度超級快，如果原本有 10 個人每人傳遞了 10 件與組織相關的消息，那麼就有 100 件的組織資訊在市場上流傳，而這 10 個人如果每人再去傳給另外 10 個人，那麼就有 1000 件的消息在市場上成形，第三次的傳遞更可增加到 10000 件消息，這數目的增加會以幾何級數不斷的成長，因此能在很短的時間內傳給最大多數的人群。

### 5. 品質的參照價值

　　在台灣唸過哈佛大學的人很少，但是幾乎所有人都相信哈佛大學是個好學校。可是你是否曾經問過你自己，「哈佛是個好學校」這個印象到底是怎麼來的呢？是從廣告來的嗎？可是在台灣好像沒有看過哈佛大學的廣告。那是眼見為憑嗎？請問你有看過哈佛大學嗎？哈佛大學長得怎麼樣呢？想想看吧！如果不是被某些唸過哈佛大學的高材生牽著鼻子走，那你應該是在某個不經意的時段裡聽了某個人或某些人說過吧。其實不管是哈佛畢業生的表現或是道聽塗說來的，這些都是我們要了解一些沒有使用過的東西品質時的參考依據。對某些有形的產品而言，它的外型以及質料可能是最好的參照依據，但是對無形的服務業來說，最好的參照依據可能就是別人的使用經驗，也因此，口碑行銷會是學校行銷的一個重要方法。

　　其實大部分學校也都知道口碑行銷的影響非常大，但是學校成員多半要問：「那些口碑傳播者都不是學校的成員，他們要講什麼我哪裡管得著呢，難道我叫那些婆婆媽媽去告訴大家我們學校很好，他們就會照著去宣傳嗎。」這是大部分學校甚至是企業組織對口碑行銷的態度，大家似乎都抱著「既期待又怕受傷害」的心情來看待口碑行銷，畢竟嘴巴是長在別人身上，他們要說什麼實在很難去管

控。因此，關於口碑行銷最流行的一句話就是「把學校辦好，名聲自然就會傳出去了」。

不錯，把學校辦好的確是口碑行銷的第一要務，但是口碑行銷卻絕不是坐在學校裡吹冷氣就可以讓名聲傳揚出去，相反的，學校還可以主動出擊，想辦法讓這讚揚學校的話真正在社區中流傳。那麼除了把學校辦好以外，學校還可以做什麼呢？Sernovitz（2006）提出了口碑行銷 5T，作為口碑行銷的行動過程：

傳播者（Talkers）：找出誰來為你傳播

傳播主題（Topics）：想想看要他們怎麼說你

傳播工具（Tools）：你如何助傳播者一臂之力

參與傳播（Taking Part）：你何時可以加入傳播

追蹤效果（Tracking）：目標顧客的反應

首先要先想想看誰可以作為你的傳播媒介呢？以學校來說，父母、兄弟姊妹、朋友和學校老師的話是最容易被學生信任的，另外親戚長輩、同儕團體、鄰居、校友、現在就讀中的學長姊、以及目標學校所派出的行銷人員也都是學校進行口碑行銷時很好的傳播者。當然，這些傳播者之間也可能會互相影響，並且關係錯綜複雜。越能掌控這些關係的學校，當然也就越可以管理口碑行銷的流傳過程。

如何給傳播者一個理由，讓他們願意免費的為學校來做宣傳。通常這些傳播者之所以願意到處去告訴大家學校的好處或壞處有三種主要的目的：第一種是兼善天下型的傳播者，他們之所以會到處去傳播，主要是希望能夠提供有困難的人解決問題的答案，他們的出發點是要幫助別人；第二種是愛熱鬧型的傳播者，他們希望

藉由到處去傳達一些訊息而引起別人的注意，因此他們會到處去找話題，以便與人交談時可以炒熱氣氛；第三種則是愛表現型的傳播者，他們到處去宣傳的目的，是希望大家都發現他們知道的事情很多，甚至希望因此能讓別人認為他們是真正的飽學之士。了解傳播者宣傳的意圖後，學校就可以依此來制定口碑行銷的策略了。

學校為了讓第一類型的傳播者願意替學校傳播，最重要的當然是要將學校的品質辦好，並且要將學校辦學成功的事蹟盡可能的傳揚出去。或許真正想要知道學校資訊的人已經聽過了學校的優良事蹟，但是再經過這些兼善天下型傳播者再一次的肯定，必然可以在搜尋學校資訊者的心中留下更深刻的印象。而對於第二種和第三種類型的傳播者而言，光是讓他們知道學校有一些優良事蹟是不夠的，除非他們已經完全沒有八卦可以講了，否則不會將學校這些事績拿出來現。為了讓這些人有話題可傳，學校要做的是製造與眾不同的驚奇事件，也就是必須要比好還要更好，如此一來才會讓大家有興趣，也只有激起大家興趣的事件才能廣為流傳。

有些學校則更進一步的利用製造驚喜的原則來創造口碑行銷。例如某學校就曾以熱心公益的名稱請來了附近社區裡一些知名的傳播人物，然後不但發給他們獎狀，並附贈一些禮物（其中包含印有學校 Logo 的帽子和衣服），並極力的稱讚他們對社區的貢獻，而同時也一再的強調學校因為他們的貢獻而有了哪些優良事蹟。受到學校如此的重視，作為社區知名傳播者的這些人當然迫不及待的到社區中大肆宣傳他們對學校的貢獻，而自然也會提到學校因為他們這些貢獻所成就的豐功偉業。很快的，學校近來的一些豐功偉業也就這麼的傳遍了大街小巷。

另一個例子發生在某所強調雙語教學的幼稚園，在課堂中就先教會小朋友「good morning」、「Thank you」等等的日常生活必用

英文，並在課堂中不斷的告訴學生回家後一定要講給父母聽，遇到任何人給禮物時更不要忘了說「thank you」，再見的時候一定要說「good bye」。結果學生回家講了幾次後，家長每次出門或有客人來拜訪時都會推出他們的小朋友出來秀一下英文，結果一傳十、十傳百，沒多久大家都「知道」這所幼稚園英語教學非常的成功。

　　口碑行銷通常比較不會由學校的教師來主導或參與，因為學校成員只要開始說學校的好話，便容易被認為是「老王賣瓜，自賣自誇」。但是這並不表示學校成員的意見都不可能成為流傳的話題，最重要的是學校成員如何運用適當的技巧讓消息傳播者願意去傳話。例如學校成員若將某些學校馬上會見到的優點以「秘密」的方式傳達給傳播者時，這「秘密」兩個字通常就足以讓傳播者到處去宣傳了。此外，學校成員也可以在閒聊時「不經意的」透露學校近來的豐功偉業，或是刻意引用第三者的談話內容來減輕聽眾認為教師又在自誇的心理防衛，再配合客觀的證據，一樣可以讓名聲宣揚出去。

　　最後，口碑行銷也和其他的行銷方法一樣，必須要隨時檢視傳播訊息的發展狀況。要了解現在市面上是否流傳著你希望傳出去的訊息，以及這些訊息是否仍以你希望的方向在流傳，並了解你的目標顧客在接收到這個訊息時是否出現你預期的有利反應，然後再評估是否需要導正、改變、或重啟訊息的傳播。

> 沒被認出的和氏璧在大家眼中就只是塊石頭
> 被說成和氏璧的石頭最終他還是塊石頭

# 第 8 章

## 人員策略

　　十幾年前我在台北教書時，適逢招生白熱季。雖然學校一再的請託教師們到學生家裡去進行招生訪問，但不少教師卻還是覺得那是一種低聲下氣、尊嚴盡失的工作。有時禁不起學校的再三請託，還是會勉為其難的到附近學生家中拜訪，卻始終拉不下臉來招生，往往閒話幾句後就急著閃人，當然招生的結果並不理想。於是主任便決定在招生會議時扭轉大家的心態，他花了很長的時間將這幾年學校努力的點點滴滴以及學生進步的成果「秀」給大家看，讓許多教師驚覺原來我們學校做得這麼好。主任更於會議終了前，要所有老師們回想這幾年來教書時是否全力以赴，「如果你認為我們學校很努力的要把學生教好，如果你自認教書非常認真，如果你覺得學生在你們的帶領下成績進步很多，那你去招生不但不可恥，更是在做好事。因為如果你不去招生，如果不讓家長們了解我們學校的優點，這些學生可能將因此誤選到其他一些比較差的學校，繳一樣的錢卻得不到好的教育，那不是很可惜嗎？我不要求你們去學生家裡大吹大擂，我只要求你們把真相告訴家長，幫他們做出最好的選擇」。一席話，雖然沒有辦法立刻讓所有的教師勇往直前、前仆後繼的去招生，但已經改變了許多教師不願去招生的心態。在會議後，主任接著要求招生經驗豐富的教師們能夠陪著新進教師去招生，以去除新進教師的恐懼感，並充當招生的臨場顧問。當然，在這一連串的努力後，教師進行招生拜訪的情況漸漸有了改善，當然也因此招到不少的學生。

# 第一節　內部行銷

產業界在討論行銷策略組合時，最常使用的是 Jerome McCarthy 於 1960 年提出的行銷 4P。但是教育事業和服務業的產品並不像產業界產品是擺在架子上的製成品，而是「成員與顧客的接觸過程」，因此第一線成員的用心參與以及他們的臨場表現經常是決定服務業組織行銷成敗的關鍵因素，以致於許多的學者主張在論及服務業行銷策略組合時，應該要將人員（people）從行銷 4P 中獨立出來成為一個特別的策略（Ostrom, Iacobucci, Morgan, 2005）。試想，如果教師的學問很差、如果學校行政人員的態度惡劣、如果校長的管理極度專制、如果學生只知道打混摸魚、如果工友已經在數饅頭算日子了，那麼不管學校發展出再好的課程、提供再優惠的價格、設計出多麼方便的通路、進行再周延的溝通都沒有用，學生和家長還是會避之唯恐不及的。

雖然各種服務業行銷以及教育行銷書籍都不斷強調人員策略的重要性，但是學者間對這個名詞的界定卻還是存在著極大的差異。事實上，人員策略這個概念發展至今不過三十年左右，Berry（1981）首先在「員工就是顧客」一文中點出了行銷中人員的重要性，他主張服務業對於其內部員工應該要像對待外部顧客一樣的來經營，也就是要去了解內部員工最需要的以及最想要的是什麼，然後再以各種行銷策略組合來滿足組織內部員工的需求和需要，以提高員工的滿意程度，也只有透過員工滿意程度的提升才可能達成顧客滿意度的提升。內部行銷（internal marketing）不只是要把員工當成是內部顧客，更要把員工的工作當成是內部產品，而內部行銷所要提供給員工滿意的產品就是良好的工作設計以及對增強員工工作效能的各種支援體系，使員工滿意的從事其工作時，也同時達成了組織的

行銷目標。

　　就在 Berry 提出「員工也是顧客」這個概念的同時，Gronroos（1981）也在其所著的「把公司賣給顧客」一文中強調組織成員的重要性，並強調公司應該將組織成員都視為是「內部顧客」，以內部顧客的觀念為基礎來發展人員行銷的策略和戰略。幾年後 Gronroos（1984）進一步提出了家喻戶曉的服務行銷三角型，他認為服務業行銷涉及組織、員工、以及顧客等三個主體，組織與顧客的關係是一種外部行銷的關係，其目的是組織必須要給顧客一個好產品的承諾；組織與員工的關係則是一種內部行銷關係，內部行銷就是要賦予員工達成組織承諾的能力；而員工與顧客的關係則是一種互動行銷關係，其目的就是要實現組織對顧客的承諾。若放到學校的場域中來說，那麼組織就是學校、組織成員主要是指學校的教職員、而顧客便是學生和家長。學校必須提供給學生和家長高品質的產品，學校要強化教職員工提供家長和學生高品質產品的能力和權力，而教職員工則須與學生和家長透過良好的互動實現學校提供高品質產品的理想。下圖便是以 Gronroos 服務行銷三角形為基礎所發展出來的學校行銷三角形。

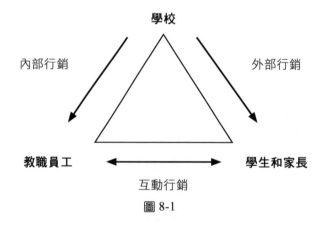

圖 8-1

　　當 Berry 和 Gronroos 在 1981 年提出內部行銷策略這個概念的同時，Booms & Bitner（1981）也將人員（people）、過程（process）、以及實體例證（physical evidence）等三個 P 從原本的行銷策略組合 4P 中獨立出來，而擴展成服務業行銷 7P，使人員策略正式成為行銷策略組合中的一個關鍵項目。Booms & Bitner 在此所稱的人員策略除了主張對內部人員進行內部行銷來提升外部行銷的成效外，更包含了藉由對顧客、消費者以及其他與組織行銷相關人員的管理和開發，來提高整體行銷的成效。之後，英國學者 Gray（1991）重新檢視了行銷 7P，他認為雖然服務業和產業在行銷上的確有差異存在，但是過多的分類反而容易讓人搞混，於是他主張只要將人員從行銷 4P 中獨立出來便可以了，並提出了行銷 5P 的策略組合，也就是產品、通路、訂價、推廣、和人員等五個策略。而他所謂的人員策略，就是要找出一套能讓所有組織成員都有意願和能力去執行行銷活動的策略。總結來說，Gray 和 Booms & Bitner 所主張的人員策略與 Berry & Gronroos 所講的內部行銷的核心概念都是要藉由對內部員工的行銷或協助來提升外部行銷的成效。本書則採取 Gray 所提出的行銷 5P 作為學校行銷策略組合的基本架構，並將本章稱為人員策略，但核心內容則與 Berry 和 Gronroos 所稱的內部行銷甚為相似。

# 第二節　人員策略理論

　　Drake & Gulman（2005）在參考人力資源管理的選才、育才、用才、和留才的概念後，進一步提出了所謂的服務業內部行銷 4E 或服務業人員 4E，他認為服務業的人員策略應該要包含人員投入

（engage）、人員賦能（energize）、人員授權（empower）、和結果保證（ensure）等四個以 E 字母為開頭的策略。本書將以此為架構來探討學校行銷的人員策略。

# 一、人員投入

學校在人員投入（engage）的工作上，可以再細分為三個部分來討論。首先是學校要招募適當的人員，讓他們成為推動行銷活動的基礎力量；其次要讓學校成員分享組織願景並達成行銷共識；並且要培養學校成員服務的精神。

## 1. 人員招募

學校教師會因為退休、轉換跑道、調職、或升遷而離開學校，使學校的人力出現不平衡的情形；而學校進行科系的調整或擴張，也會出現人力短缺或過剩的狀況。當這種人力與職位不平衡的情形出現時，學校便需要進行人事調整或招募新進人員，以確保學校擁有充裕的人力來完成任務。新進人員的招募在現今大部分公立小學多是委由各縣市教育局統一介聘，因此學校能著墨的部分並不多，學校通常只有在對主任的任用上有較大的自主空間。但是對於私立學校而言，由於人員的流動（turnover）比公立學校來得頻繁，且私立學校在人員的聘任上享有很大的權力，因此私立學校或大學以上的公立學校就可以好好運用人員的招募策略來奠定行銷的基礎。

或許有人要問了，人員招募是人事主任或人事室的工作，和學校行銷根本扯不上什麼關係，這應該屬於人力資源管理研究的範圍吧！的確，招募人員的職權並不在行銷部門，但是招募了什麼樣的人進到組織裡來，卻與學校行銷的成敗有極大關係。因此學校行

銷人員策略在談及人員招募時，重點並不是擺在應該由誰去承辦，或是討論一些與人員招募相關的法律細節，而是要找出學校應該招募哪些專長的人員最能契合學校所推行的各種行銷策略。我們不只是要用一個符合規定的人才，還要找一個有服務熱忱的人才，更要以行銷的角度來思考用哪一類的人對學校行銷最有幫助（Witt and Hartline, 2004）。

　　記得在 2008 年，我去波蘭參加歐洲行銷協會舉辦的年會時，就曾經與來自美國行銷協會的學者聊過這個問題，當時他就舉了一個學校行銷中人員招募策略的好例子：某大學發現他們附近西班牙裔族群越來越多，而原來住在該社區附近的以英文為母語的美國人卻紛紛搬離該社區，造成西班牙裔人口很快超過當地總人口數的六成以上，並且還不斷的快速成長。但是這些新移民的英文卻非常不流利，更因為語文的限制造成大部分的新移民沒有上大學的打算。面對漸漸流失的傳統顧客群以及不願就讀的新移民，這所大學的招生壓力與日俱增，於是該校訂了一個中程行銷策略，他們要開始推行學校的西班牙語教學，希望在五年後，大學一年級大部分的課程都改用西班牙文教學，二年級開始才漸漸加重英文教學的比例，到了大學四年級才全部使用英文教學。為了確保這個行銷計畫能順利執行，他們不但鼓勵現有教師去學西班牙文，並從此在教師甄試時多了一個主要評分項目 — 西班牙文的流利程度。這便是所謂的行銷導向的取才，學校在確認未來幾年的行銷任務和需求後，取才時便需考慮現在所用的人員將來是否能實現學校的行銷任務。以這所大學來說，就算雇用了一群高品質的教師，如果這些人都不會講西班牙文，那學校發展出來的行銷策略便不可能實現。若硬要執行，則學校將必須額外支付一筆可觀的經費和時間進行人員的在職訓練，當然所需付出的成本就比一開始選用適合的人才高多了。

也正因為如此，Cahill（1996）在他所著的內部行銷一書中便極力的強調人員招募的重要性。他認為大部分行銷學者在論及人員策略時常常會忽視人員招募階段的工作，殊不知人員招募若出了問題，那麼接下來的各種人員策略不管再怎麼努力經營都很難落實了。雖然我們都期待著要找一個「天降神兵」來強化服務團隊，但一不小心卻可能招來一個製造更多問題的「神降天兵」，使行銷工作更難推展。而以公立學校來說，更是「請神容易送神難」，這個新進的「天兵」到退休之前可能都將成為學校發展的阻礙了。因此在人員招募階段，學校應該積極參與人員的挑選，這包含了履歷的檢視和驗證、面談、以及角色扮演或試講試教的實地測試，以了解其真正的專業實力、人格特質、以及和學校文化的契合度。而學校也應開誠布公的告知應徵者其進到學校來的主要任務為何，工作負擔的實際情況，薪水多寡和升遷的可能性。如果需要教師幫忙招生，最好在應徵時就能明白的告知這個任務，以免到時候雖得到了人才，卻留不住人才而白忙一場，甚至造成人員與學校的對立。

## 2. 發展分享的行銷願景

當學校擁有了契合行銷目標的學校成員後，接下來的工作便是要讓學校成員都能了解行銷工作的意義和價值，並且願意努力執行學校的行銷工作，而這就有賴行銷願景的建立及分享了。也不知道是什麼時候開始，建立分享的組織願景成為現下校長或其他管理者的口頭禪。許多校長成天宣稱要建立屬於大家分享的願景，結果卻弄來一堆標語，然後要學校教師都來「分享」一下這些不知從哪裡生出來的願景，更過份一點的還會要求教師要牢記或熟背，甚至以不定期的考試或抽查來確保每個學校成員都能倒背如流。當然這種「天上掉下來的標語」以及「強迫中獎」的方式都不是發展組織願

景的好方法。

　　那麼要如何建立分享的行銷願景呢？首先，學校領導者要鼓勵所有的成員發展出自己在行銷工作上的願景，因為如果學校成員都沒有自己的願景，沒有對工作的任何渴望，那麼他們最多只會在別人（通常是校長）的願景上簽個名或投個票，表面上好像分享了這個願景，但實際上卻根本不在乎這個願景到底內容是什麼，更不可能努力去實現這個願景了。

　　但是學校成員對行銷多半沒有興趣，很多人更是一知半解，要他們說出自己的行銷願景真是談何容易。所以在請學校成員都說出自己意見之前，校長或其他學校領導者就應該先利用各種集會或活動時，提供學校教職員各種行銷知識和訊息，待學校成員都有了基本的行銷知識後，再請他們發展出自己對學校行銷的期許。當然如果他們的期許標準非常低，與校長的期望相去甚遠，學校也不應該立刻否定教師的意見，否則永遠不會有真正分享的願景出現。在此我們必須承認學校成員與商業界行銷的心態經常會有很大的落差，尤其是現階段的公立小學，由於學校行銷的成功與否對教師的飯碗並沒有直接的威脅，因此突然要請他們肝腦塗地的去推展學校行銷幾乎是不可能的。所以學校在發展願景時，就算理論上願景必須要設在一個較高的標準，可實務上學校倒也不用急著一次到位，反而應該要循序漸進，每次發展或討論學校願景時，都能在學校成員對行銷又多了一些認同後，才漸漸提高標準，如此才可能發展成一個大家真正分享的行銷願景。

　　學校除了可以正向的建立成員行銷的願景外，對公立學校來說，更可以反向的以解決妨礙學校成員行銷動機的障礙來著手。例如在本章一開始所提到的高中招生經驗，許多教師不願意行銷是因為認為行銷是低聲下氣的工作、或認為行銷就是要騙學生到學校來

唸書，因此一直沒辦法建立起行銷的共識。但是經過學校領導階層對教師解釋溝通後，解決了許多原本反對學校行銷的學校教師的心理障礙，便能因此提高他們執行學校行銷工作的意願。

最後，學校行銷必須要學校全員參與才能夠成功，單靠校長和主任的力量是沒有辦法落實學校行銷的。校長和主任固然在行銷上扮演著重要的角色，若是得不到教師的支持，那麼高品質的學校產品亦將無法實現，而許多的行銷策略也無法推動。而所謂的全員參與是包含所有的學校成員，就算是學校的清潔人員或校車司機也都是學校行銷成功的關鍵。Banach（2001）就曾警告學校不能單純的將行銷的重點擺在策略的規劃或教師的教學上，而不去注意其他人員對學校行銷成敗的影響。例如一個校車司機或許在學校中並不受到特別的重視，但是他們卻是學生一天的開始和結束的學校代表，如果他們一早接學生的時候態度惡劣，駕駛不平穩，就可能影響到學生一天的心情。如果家長問他們問題時，司機舉止不禮貌、或回應極為冷淡，就可能會破壞家長對學校的印象。相反的，如果他們在學生上車時都能親切的招呼學生，甚至帶著微笑的向學生道早安，就可以開創學生一天的好心情，更能讓家長們安心。也因此，在論及學校人員策略時，其焦點必須放在學校全員參與，而不只著重於某幾個階層的人員而已。

### 3. 培養服務觀念

當學校成員有了「向前走」的動力後，接著便是要建立他們對顧客服務的觀念了。以往學校中，官僚的氣息很重，有不少行政人員抱持著多一事不如少一事的觀念，只要是學生或教師的要求不合一般規定，不管是合理或是不合理的一律都打回票，甚至看到不順眼的教師或學生還可能會用一些小手段來加以刁難，然後告訴這些

氣炸了的老師或學生「這是規定」。

　　我在美國唸書時也曾經碰過這種行政人員，動不動就告訴你一句 "I am just doing my job."，這句話跟我們國內「這是規定」的意義幾乎是一模一樣，當時氣死人且不用償命的生氣指數也馬上飆升到了頂點，當然大家就一狀告到校長那邊去了。或許告狀的人真的太多了，不到一個月，她的口頭禪 I am just "doing" my job 就演變成了 I am just "losing" my job 了，因為她很快就遭到學校調查並解聘了。從遵守規範來講，她算是奉公守法沒有出差錯的好職員；但若從服務的角度來說，卻是個得理不饒人的酷吏。可學校並不是要花錢請她來當皇帝或法官，而是要她來服務教師和學生的，程序上有小瑕疵時，她應該要解說清楚，告訴學生如何改進，而不是把申請書退回就不理了。既然她無法完成她的主要任務 — 服務學生，最後當然只有走人了。

　　在學校中不只是老師對學生要有服務的觀念，更重要的是行政人員對老師、學生、和家長都要加強服務。Ackoff（黃佳瑜譯，2001）就發現在各行各業的組織中，各部門的效率往往需要靠競爭來達成，而不管是行銷部門、公關部門、採購部門、服務部門等等都需要考慮成本與效率，績效不好的就遭裁撤或淘汰，因此他們工作都很有效率。但是除了這些部門以外，組織還「供養」了許多提供組織內部服務的部門，例如在企業組織中的會計或人力資源部門，這些部門的經費直接來自於中央單位而不是來自於他們所要服務的顧客，因此經常對下游用戶（組織成員）愛理不理，卻對提供經費的中央部門阿諛奉承、言聽計從。嚴重一點的，更引發了行政大頭症，官僚化、冗員多、因循苟且、缺乏創新等等問題都出籠了，而「服務」的觀念更被當成垃圾般的扔到馬桶裡沖掉。他們的工作原本是設計來服務組織成員的，卻演變成組織成員要來服務他們，甚

至還要不時提供一些油水來「孝敬」他們，以免遭到各種的刁難。

　　由於這些單位不受任何市場經濟競爭的威脅，給錢的中央單位對他們執行績效的評量又往往只憑球員兼裁判的單位主管「吹捧」出來的報告便告結案。有些不明事理的主管甚至依靠這些單位來「苛扣」其他部門所能使用的金錢。不少公家單位的主管更因為對這些單位所執掌業務的專業知識不足，卻又怕惹禍上身而遭到他們牽著鼻子走，成為阻礙組織進步的最大毒瘤，也是內部行銷中最需要改革的重要標的。

　　Ackoff 因此主張對於這些單位應該採用「內部市場經濟」的策略來解決，亦即將外部市場的競爭機能引進組織中，由其他事業單位共同來對這些獨占的服務單位評分並依照評分結果提供這些單位運轉的資金，在合法且合理的前提下，若這些獨占單位服務不好就換人做做看，甚至可以用外聘的方式來處理，以免因為幾個部門的興風作浪而阻礙了企業組織整體服務觀念的推行。當然，更重要的是組織的領導者本身就要有服務的觀念以及推動成員養成服務觀念的決心，否則這些事業單位正好成為領導者的心腹打手，果真如此，那組織要推動服務的觀念就無異是痴人作夢了。

　　但是要如何培養學校成員的服務觀念呢？台灣近幾年來在服務業的蓬勃發展帶動下，服務的觀念已經漸漸的為各階層的人員所接受，大家都知道服務的重要性，但是有很多人卻還是無法將服務的觀念內化成自己的行為準則，更遑論落實服務的行為了。行銷學者Cooper and Agnello-Dean（2006）就曾提出了一個激勵自己和鼓勵員工的一個觀念：隨時想想看如果你現在面對的顧客是你最後一個顧客，你會怎麼樣去對待他，然後在你真正面對這些顧客時，就以這種方式去服務他吧。

　　最後，雖然我常常會告訴一些教師或校長們千萬不要把學生都

當成是你的僕人來使喚，而是要將他們當成是你的衣食父母，因為如果他們不繳錢來上學的話，那你也沒飯吃了。但是，我們也不能完全以學生的喜怒哀樂來作為服務他們的標準，否則學生哪天要騎著單車進到校長室裡去轉個兩三圈，難道還要校長在旁邊鼓掌稱讚他騎術高明嗎？這是教育事業與其他服務產業中「顧客至上」有別之處，因為學校產品本身就有教導學生的責任，因此學校絕不能把「顧客永遠是對的」奉為金科玉律，反而應該引導學生走向正軌。服務的觀念並不是要用在特定的某個人，而是要用在造福所有的顧客上。當對某位顧客的過度「服務」而損害到這位顧客的長期利益或其他顧客所能得到的產品品質時，這種服務就值得商榷了。

## 二、人員增能

　　提升能力（energize）是內部行銷 4E 中的第二個 E。學校成員分享組織願景以及富有教育熱忱是完成教育工作的基礎，但如果他們自身的專業能力不足或是組織不能適時的給予他們行動上的支援，那麼再高的工作意願以及熱忱也可能淪為事倍功半或做白工，最後不但無法作育英才，甚至可能誤人子弟。因此，內部行銷的下一個任務就是要提升學校成員的專業能力，並適時的給予工作上的支援。

　　在課堂上就曾經有學生問我，既然我們在教師招募時，已經用考試及口試等等各種方法來確定這些人的專業能力了，那麼在職訓練似乎就沒有那麼迫切。這種論點聽來似乎也有些道理，但是就算使用再嚴格的履歷審查、口試、以及筆試也很難保證所招募到的教師就能完全具備應有的專業能力，畢竟我們常常只是從許多不完全合適的人選中找出最符合我們需要的人員罷了。更何況學校面對的

競爭環境永遠在改變，行銷策略也必須跟著改進，以前引進的最契合學校行銷工作的教師，在環境變遷後，他們當初的能力未必能勝任新的行銷任務，因此這些教職員通常在服務多年後，就需要吸收新的知識和技能來服務或教育新時代的學生。

在學校成員都能具有行銷的共識以及服務的觀念，並且練就了一身行銷的好本領後，似乎學校行銷就可以一帆風順了。但這時如果學校可以進一步的提供這些行銷人員更多的協助，便能使行銷成果更為亮麗。學校對人員所提供的協助除了一般所認為的學校要善盡各種教學支援的責任外，更重要的是要加強工作的整體結構設計，使員工都能有公平合理的工作負擔。

在許多學校中常常會聽到「能者多勞」這麼一句讚揚的話，但是這句話現在卻被許多組織成員用來推卸自己應負的責任。學校和許多公家單位一樣常常會有工作量分配不均的情況，當一部分學校成員整天被堆的比人還高的公文搞得焦頭爛額時，卻還有一些員工在上班時閒閒沒事幹，只能打打毛線、上上網、盯著時鐘等下班。看到同事帶著「宵夜」回家繼續工作時，還會若無其事的落下一句「能者多勞」，也不知道這句話是挖苦、幸災樂禍、稱讚、還是安慰，但聽在已經忙到奄奄一息的員工耳裡總不免百感交集。更糟糕的是，在許多學校中，如果事情做得越好，工作量就會越來越多，畢竟長官總是以事情能夠做好為主要的考量，至於工作量分配是否公平就「有空再說」了。在這個「能者多勞」的學校中，會有越來越多的人喜歡告訴別人自己是笨蛋，因為只有真正的笨蛋才會說自己不是笨蛋而招來做不完的工作，最後卻因為「能者多勞」而導致過勞死。試問在這種學校中，又如何能要求學校成員衷心的參與學校行銷的工作呢？

至於要如何進行工作公平分配呢？首先學校須先確認各部

門的所有工作以及這些工作的標準作業程序（standard operation process, SOP），然後對這些工作定出基本的品質平台，接著便可依照各成員所負擔的工作量來重新分配工作，將負擔過重教職員的一部分工作轉移到負擔較輕教職員的身上，或將人力過剩部門的教職員轉調到人力吃緊的部門去幫忙，使每一位教職員的工作負擔能夠平均分配，而在調整後若發現幾乎所有人都有負擔過重的情形，則學校便應該盡快以招募的方式解決人力短缺的情形。

## 三、人員賦權

產業界與學校產品最大的不同便在於產業界的產品是有形的，並且有一定的生產流程以及形式。就算是現今最流行的客製化產品，通常也只是在主要的產品形式下做些微調，供顧客來選擇。但是學校產品的品質卻是由服務提供者、產品主體、以及服務接受者三方同時激盪而成的，只要這三方面的其中一個環節出了問題，那學校產品便只能與「高品質」這三個字說再見了。正由於學習過程中的所有相關人員的表現都會影響到學校產品的最終品質，而人卻又是組織中情感最為複雜、行為最難預測、喜好也最難掌控的因素，因此第一線教職員經常都會面對千奇百怪的臨場狀況，如果他們沒有獲得足夠的授權（empower），而完全照章行事的話，那麼一些突發狀況往往會因為沒有得到適時的處理而影響到學生的學習經驗。因此，授權對學校而言會比對產業界的行銷更為重要。況且，任何一個領導者的能力都是有限的，如果不懂得授權，只是一味的埋頭苦幹，那麼就算領導者累垮自己也很難將學校千頭萬緒的業務處理完畢。因此適度的授權是學校提高效率的重要關鍵。

雖然大部分學校成員都曾聽說過授權的好處，但真正了解其內

涵的人卻不多。或許正因為如此，有很多主管成天說著要授權，可事實上卻又沒有辦法安心的將權力下放，甚至越想到要授權心理壓力就越大，最後反而因此越管越多，甚至連雞毛蒜皮的小事都不肯放過。因此在聽到「關於這件事就交給你來全權負責了」的時候，請先不要高興的太早，因為你的主管一方面要你全權負責，另一方面卻可能整天盯著你在做什麼，還不時的要給你一些「技術指導」或「良心的建議」，結果你終究還是按著他的指示在做事，卻同時還要為他的指示負上全部的責任。

為什麼會這樣呢？難道校長們故意要刁難學校成員嗎？相信不是如此，畢竟校長也只是擔心事情會出問題才那麼「雞婆」。在此，我們不得不提出萬古流芳的 X 理論與 Y 理論，雖然這個由 McGregor（1960）提出來的理論已經歷史悠遠了，但卻歷久不衰。McGregor 認為抱持著 X 理論的領導者是以人性本惡作為其看待員工的參考依據，會認為員工都是怠惰的，如果不加以鞭策的話就不會努力工作，因此傾向不要將權力下放給員工。相反的，抱持著 Y 理論的領導者會認為人性本善，只要給員工良好的工作條件和環境，他們就會盡可能的將工作做好（引自 Bolman & Deal，1991）。因此領導者應該要客觀的去反省自己是屬於 X 型的管理者？亦或是 Y 型的領導者？以及去分析適合這個組織的授權程度是多少。如果自己的授權過多或過少時，則應該想辦法先調整自己的心態，再加以改善授權的幅度，以免講了一口授權的大道理，最後卻反而走向集權專制的路子，如此言行不一的結果反而會弄巧成拙，一方面自己的信用掃地，一方面也使組織成員無所適從。

至於領導者應該要如何去克服自己不敢授權的疑慮呢？Hennestad（1998）提出了一個好方法，他認為領導者要克服自己不敢授權的恐懼有兩種方式，一種是盡全力的說服自己應該要去授

權，逼迫自己相信授權的好處，但是通常這種方法並不容易成功。那麼領導者就不要只是專注在如何將權力真正下放，反而應該去思考無法下放權力的原因是什麼，找出這些對權力下放的阻礙，這包含了來自領導者本身的心理障礙，以及來自於一些不願意負起更多責任的教職員工所造成的障礙，然後一個一個慢慢的去解決這些阻礙，就能漸漸的將權力下放了。

　　那麼阻礙領導者授權的因素有哪些呢？這主要可以分為三個來源：授權者本身的人格特質或經驗，被授權者的抗拒，以及制度面的阻礙。授權者本身的問題在前面已經談過了，這主要是來自於其人格特質，當然也可能是來自於其過去不良的經驗。這一方面就必須要靠授權者自己的覺醒以及跳脫自我的界線才能達成（Senge, 1994），要認清學校產品的品質主要是取決於教師的臨場教學，而不是校長的教學管理。因此在教學上給予教師適度的專業自主權對提高學生學習成效將有很大的幫助。校長的工作是確定教學工作的方向和目標，至於如何達成這些目標則應該由教師視其班級的特性來作最終的決定。認清這個事實後，多少能因此提高學校領導者授權的信心和意願。

　　此外，有許多的授權者是在真正授權以後，才發現自己沒有辦法去適應權力下放所帶來的疑慮和不確定感，因此又打了退堂鼓。最後是口口聲聲嚷著要授權，卻還是事必恭親，結果不但喪失自身的威信，更造成被授權者無所適從的困境。而究其原因，多是因為錯估了自己在實際上所能接受員工不一樣做法的程度，在遇到與自己觀念不同的做法時就忍不住要干預。因此在授權之前先自我檢測，並且採取循序漸進的方式會比一次大幅度的授權要來得更為穩當。此外，授權者一定要做好事前的心理準備，尤其是在授權之前就要認清授權之後學校成員的一些做法必然會與授權者的想法或做

法有所差異，這是授權的必然結果，因此授權者一定要先做好這一方面的心理準備，才能在真正遇到與自己不同的做法時能有足夠的雅量來接納這些不同的做法。

從被授權者的角度來看，雖然許多的學校成員一直要求學校要能更大幅度的授權，但是在問及他們到底需要授與他們哪些權力的時候，卻又很難說出個所以然來。甚且，授權的結果亦意味著責任的增加，因此許多教師反而會有排斥授權的情況。Thomas and Velthouse 早在 1990 年時就曾提出阻礙教師認同授權的主要原因，他們認為所授權工作的重要性和意義會影響教師接受授權的意願，如果該工作非常重要，而且如果努力去實行時可以對學生的成就有很大的助益，那麼教師將會比較願意去承擔因授權所帶來的績效責任。

方法的選擇性大小也會影響教師接受授權的意願，如果授權後教師真的可以有一番不一樣的作為，以有別於現在的方法去達成他們心中的目標，那麼他們就比較可能支持該方面的授權。如果授權後教師所能得到的權力與現有的情形並沒有很大的差別，通常教師們也會興趣缺缺。

承接工作的能力更是影響教師接受授權的重要因素。許多教師排斥被授予更多的自主權是因為他們自認沒有足夠的能力來擔負該方面的決策工作，例如美國剛開始實施學校本位財政時，許多教師是站在反對立場的，而主要的原因便在於他們對經費預算完全不熟悉，因此害怕如果一旦出錯了反而要負起失敗的責任，因此如何在授權之前建立教師相關的能力和信心也是授權能否順利推展的一個關鍵因素。

從組織的層面來說，Hart and Willower（1994）的研究發現校長和教師對授權的方式和程度經常會出現不一樣的認知，且授權後大

家的做法更南轅北轍，經常會有彼此看不慣別人做法的問題產生，因此如何增進組織的溝通（尤其是授權者和被授權者間的溝通）將是授權是否能成功的關鍵因素。

而授權的程度更要視任務的性質來進行規劃，而不是無止境的將所有權力和任務全都交給部屬來負責，尤其當所授與的權力受到法規的限制時，通常授權的幅度就不能大到會違反法規的程度。例如，雖然我們在財政上要求學校能盡可能的授權給教師去添購一些對他們的教學最有幫助的物品，但是在金錢的額度上卻不能過度的授權，以免學校原本就只有一萬元的資金，某幾位老師卻花了十萬元買教學用品。但是在決定老師們可以使用的額度後，接下來的資金運用則應該由教師來自行做決定。

授權的另一個危機是在剛開始授權之初，由於大家對新的權力並不熟悉，因此在各種行動上總需要花比以往更多的精力才能去完成，甚至執行後的結果會比以前的成果更糟。遇到這種情況，授權者是否要立刻停止授權的行動呢？被授權者是否會因此而抱怨連連，甚至要求授權者收回權力呢？這個答案是肯定的。但是很多時候，如果學校成員可以繼續堅持下去，會發現授權的成果越來越明顯，工作的阻力也會因為大家越來越熟悉而減輕。Fullan（1991）就認為幾乎所有到最後證明是很成功的學校改革都會有一段陣痛期，可能是半年、一年、甚至是更長的時間，在這一段陣痛期間內，大家會覺得諸事不順，因此會有很多學校沮喪的停止他們原本認為很好的變革方案，但是只有那些能堅持下去度過這段陣痛期的學校才有機會享受最後成功的喜悅。因此當授權遇到挫折時，全校成員要做的不應該是立刻停止授權行動，反而應該檢視這些挫折的由來，如果這些挫折可以漸漸改善，那麼堅持下去便很可能可以得到最後的成功。當然，如果這些挫折每況愈下，並且已經持續了很長的一

段時間，那就必須考慮將權力返還原本的授權單位。

　　那麼落實學校授權的校長是不是就此高枕無憂，沒事幹了呢？當然不是這樣，相反的，校長必須從一個管理者轉變成一個規劃者和協助者。首先，校長必須要知道哪些事情是可以授權的，哪些可能是不需要授權的，然後清楚的告訴所有被授權者他們的權限所在。通常在學校裡的行政會議會是領導者將這些任務目標傳達給各處室的好時機。此外，校長也必須變成是一個能協助處理各種疑難雜症的顧問，因為權力下放出去以後，有許多的教師可能無法適應或力有未逮，校長便必須要適時的給予各種協助。當然，校長也必須是一個協調者，Short and Rinehart（1992）所做的研究就發現當授權的幅度越大的時候，不管是授權者與被授權者間，或是不同的被授權者間，由於大家做事的方法差異越來越大，因此很容易出現彼此衝突的情況，這時就有賴授權者良好的溝通和協調技巧來解決了。最後，授權者也必須變成是一個組織環境的創造者，他必須要確保一個適合讓被授權者自由發揮的組織環境，必要的時候，更需要帶頭衝鋒陷陣的將以往阻礙授權的各種因素打破。畢竟許多阻礙成員進步的因素都是由不良的組織結構設計造成的，例如某大學授權教師進行客觀且多元的學生成就評量，卻又規定教師們必須在考試後一個星期內將所有的成績繳交完畢，試問如果研究所的教師要評量的是好幾個班級的報告，又同時要處理期末許多學生的口試，如何能真正謹慎多元的去評估學生的成績。當然這就有賴領導者對組織規定的重新規劃了。

　　最後，授權也不一定是單方面的將權力由上層下放到下層，有時也涉及到下層歸還權力給上層。例如 Inner-City High School 是美國東岸的一所小型的學校，該校校長曾經試著以授權的方式來提升學校的效率，但是在施行一段時間後，教師們發現他們在教導學生

之餘，已經沒有多少的精力去處理行政上的決策工作，而授權後的行政業務似乎也沒有多大的進展，因此最後決定將學校行政決策權歸還給校長，而選擇將所有精力專注於班級經營（Karant, 1989）。

## 四、保證策略

學校行銷人員策略中的保證策略（ensure）是要學校成員保證其所做的每一件事都能全力以赴，盡量的把事情做好。學校人員學會了所有的行銷方法後，終於吸引到許多學生到校就讀了。這時更重要的是要真正的實現行銷時的承諾或保證，讓學生獲得最高品質的教學服務。當然我們希望的是「第一次就把事情做好」，但是事情總會有不順遂的時候，因此保證策略退而求其次的是「持續的進步」，而這就有賴持續不斷的檢討和改進了。

服務行銷大師 Gronroos（2001）就指出服務業和其他各種產業最大的不同便在於服務業沒有有形產品，甚至可以說服務業根本就沒有可以擺出來的產品，因為服務業賣的是一個過程或過程所產生的結果。因此在傳統的行銷模式中，生產出高品質的產品是所有行銷的基礎，然後再輔以通路、定價以及推廣策略來達成行銷目的。產業界的產品在產出與銷售的當中存在著緩衝的時間，如果發現品質不良的情況，還有機會進行補救，或甚至淘汰而重新製作一個，以此給予顧客品質的保證。

但是服務業不能以生產出高品質的產品為行銷的第一步驟，因為服務業的產品與銷售是同時發生的，因此產品的品質必須在整個行銷過程結束後才能決定好壞，若發現服務品質不佳時，就很難有改進的機會了。就算勉強進行補救，通常也會耽誤顧客的時間，而時間的節省卻又是服務業產品品質的一個重要部分。所以建立成員

一次就做好的心態是非常重要的。

　　學校產品與服務業產品極為相似，因此學校一定要培養教職員第一次就將事情做好的心態，再輔以評鑑制度來提供教職員改進服務品質的參考。事實上，學校比其他產業都更應該注重品質的保證，畢竟產業界一個不好的產品只會讓顧客火冒三丈，一個差勁的服務只會讓顧客痛罵幾句，但是一個失職的教師卻可能影響眾多學生的一輩子。因此學校行銷的所有行動都應該要以學生利益為最主要的考量，隨時反省是否有更好的方法來服務學生。

# 第三節　人員招生實務

　　在討論了人員策略的定義以及各種理論後，相信讀者對學校行銷的人員策略已經有大致上的了解。但是，要如何落實到學校行銷實務上呢？在此就簡要的以學校人員招生活動來說明。

　　大部分學校的招生最主要是採取廣告戰和人際行銷，而人員策略對人際行銷的成敗則占有關鍵地位。要做好人際行銷先決條件便是要有好的人員，當然這就必須從人員招募開始經營。學校在招募人員時，除了需要評定人員的專業能力外，更應注意其配合學校行銷的意願和能力。尤其當學校確實需要所有教職員工進行人際招生行銷時，那應徵者的儀表、語言能力、和人群互動能力就更必須列為面試的重點項目了。此外，在面試時學校也應詳細告知應徵者進到學校以後所要負擔的各種招生工作，使應徵者能及早有招生的心理準備，並使其能很快的接受和適應學校既有的行銷願景，更能避免發生人員不願行銷的衝突。當然，學校也要經常讓教師了解到招生活動對學校存續以及每位學校成員的重要性，以增強其進行學校

行銷的意願。

　　但是大部分的人員在進到學校之前並沒有受過任何行銷的訓練，因此如何提升人員行銷的能力一直是學校行銷的重大任務之一。學校在平常的時候就應該以各種方法讓學校教師知道學校各類的豐功偉業，這不但可以培養教師對學校的認同以及向心力，更可以使教師了解到自己的學校與其他學校相較之下所具有的各種優點，以增進其招生時的信心，以及豐富其招生拜訪時說服家長的內容。畢竟招生拜訪時，一直的重複「我們學校非常好」或是「我們學校在各方面都比別的學校強」是沒有用的，這只會讓人家覺得你又在賣瓜了，最重要的還是要拿出證據來，而這些證據的提出就需要靠平時教師對學校成功案例或各項優點的了解了。通常家長最感興趣的內容，除了學校教師的質量以及課程外，他們更關心學校歷年來學生的表現，是否有課後輔導等加強學生學習的機制，以及獎助學金的制度等等。學校若能定期頒發小手冊給教師，裡面列出最近學校的一些豐功偉業和既有優勢，便能增強教師在學校正面資訊上的了解。

　　當學校教職員都非常了解學校各方面的優點後，接下來就是要讓學校人員能將這些優點清楚的呈現出來。當然最主要的原則是「見人說人話，見鬼說鬼話」，千萬不能隨時道貌岸然的將「子曰，學而時習之」掛在嘴邊，否則沒有被掃地出門就已經是萬幸了。但是並不是每個人天生就都有很好的口才，怎麼辦呢？學校行銷的人員策略這時就又派上用場了。學校可以將一些新進人員或歷盡招生滄桑但口才還是不太好的學校成員組成戰鬥小組，每一小組由三到四位學校成員組成，小組中每個人輪流模擬當招生人員來練習說服家長（其他小組成員要扮成家長）。招生人員講完後就由扮成家長的成員來提出各種問題和質疑，招生人員要試著一一去回答。待大

家都扮演過招生人員後，再一起進行檢討。每星期只要如此練習幾次，到真正進行招生拜訪時，大多可以從容應付了。

　　經過一連串的招生心理建設、資訊溫習、以及口才和儀態練習後，招生人員終於要出動去家庭訪問了。但是，真正面對家長進行招生行銷畢竟與在學校練習是不同的。因此，學校最好能在招生任務編組時，讓新進人員都能搭配一位資深的招生高手，以發揮母雞帶小雞的功能。通常新進人員只要由這些招生高手帶著練習幾次後，其臨場招生的功力就可大增，第二年便能獨挑大樑了。

　　學校除了讓這些招生人員出外努力招生外，也應該要適時的給予各類的援助。首先是組織戰。學校可以針對招生區域進行劃分，將招生推廣人員進行合理的任務編組，並且劃定各組人員的訪視路線。這是因為學校在招生進行得如火如荼時，若每位招生人員有必須招到學生人數的規定，那麼有時會產生同校的招生人員互搶學生的困擾，因此劃分區域並設定路線可以有效防止同室操戈的情形。此外，由於進行區域劃分，也可以確保不會漏掉幾個區域沒人去招生的遺憾。劃分責任區域的另一個好處是，哪個區域招生不理想時，可以很清楚的界定出是哪些人的責任，而招生成績特別好的又是屬於哪些人的光榮。

　　接下來是情報戰。學校在平常的時候就應該隨時蒐集潛在學生的資料，要確實了解本校潛在學生的所在位置，這些學生的主要偏好是什麼，他們到學校就讀的動機，以及可能影響到他們選擇本校的主要原因。此外，學校也應該要隨時注意市場的脈動，競爭者最近使出什麼樣的招生手法，政府對學生入學有沒有哪些新的限制或補助等等的消息。將這些豐富和正確的資訊提供給招生人員，絕對有助於他們招生行動的順利進行。

　　接著是廣告戰。學校在招生前幾個月就可以開始以小篇幅的電

視或報紙廣告、夾報傳單等等，來增加潛在顧客對學校的印象。越接近註冊日期時，所用的報紙廣告篇幅就越大，電視或廣播廣告的時間就越長。當潛在學生或家長對學校有一定的印象和了解時，再由招生人員出面適時對他們的問題進行細心的解說，必能加深其對學校的好感，堅定他們選擇本校就讀的決心。

　　最後是持久戰。學校招生雖然主要的時間是在註冊前幾個月，但是影響學生到學校就讀最重要的學校形象因素卻必須長久經營。如果學校能夠隨時注意品牌和形象的經營，在高名氣的加持下，必然可以讓學校招生人員家庭訪問的成績更為輝煌。

　　「殺價」是許多人逛街的樂趣之一，也因此許多公司必須賦予他們的職員一定的價格權力，使其在面對來自各種不同背景的「殺手」時，知道自己的底線在哪裡。學校行銷也是如此，各式各樣的家長同樣會提出各種不同的優惠要求，因此學校成員就必須知道自己所能給的底線為何，如果每次家長提出了一個要求，學校招生人員只能回答「不知道」或「要回去請示」，其招生結果必然不理想。通常家長比較會提出的要求不外乎價格的減免、上課時間的安排、以及教師或班級的選擇等等，如果學校沒有讓教師知道他們所能處理的權限，那教師便可能完全不敢給予任何的承諾，而使家長質疑這些行銷人員的誠意，進而導致招生的失敗；反之，也會有一些教師急於贏得家長的認同而做出許多超過學校所能負荷的承諾，最後不是造成學校的損失，就是讓承諾變成空頭支票，而影響到學校的形象，甚至造成家長與學校的衝突。因此，學校不但需要適度的授權給招生人員，更要讓招生人員清楚的了解到自己被授權的程度。

　　學校教職員經過願景分享、能力建構、授予權力之後，又加上學校的各種協助，按理說應該可以有很不錯的行銷成果。但是人生不如意事十常八九，進行行銷時被拒絕，似乎也是司空見慣。學校

的招生策略是否就此告一段落呢？且慢，還差那麼一步，在整個招生行銷結束後一定要開一個檢討會，以保證招生的成果。這個檢討會的主要目的並不是要批判鬥爭，或把那些沒有達到招生人數的害群之馬都揪出來，相反的，這個檢討會主要是在提供學校人員進步的機會。

在檢討會中，應該請所有的招生小組輪流發言，發言的內容除了簡要的敘述這次小組招生的結果外，更重要的是要舉出至少一個原本不願意來就讀，但是後來卻能順利被說服而來就讀的案例。例如某潛在學生的家長在學校人員拜訪時表示很想讓小孩到學校就讀，但是家裡實在沒有錢來繳學費，而學生的成績也沒有達到學校獎助學金的門檻，因而婉拒了學校的招生。但是當行銷人員提供這位憂心忡忡的家長許多他原本不知道的政府補助資訊以及學生貸款資訊後，終於順利解決了這位家長的困境，更讓他的小孩有了繼續升學的機會。要大家提供原本失敗卻又轉敗為勝的案例，最主要的目的便在於這些案例很可能是許多潛在學生或家長的共同問題，同仁們遲早都會遇上，因此有了這些反敗為勝的寶貴經驗後，當他們遇上相似的情形時便能如法炮製，以提昇招生的成果。當然，有時候小組成員實在無法舉出轉敗為勝的案例時，只好請他們列舉幾個失敗的案例，供大家討論解決的辦法。

> 大家都知道栓在棚子裡的馬不能跑，
> 卻很少人意識到綁在法規下的人不能做事

# 參考書目

## 一、中文部分

由磊明（2006）。廣告策劃中的促銷策略。載於紀華強主編，廣告策劃（頁174-200）。北京：高等教育出版社。

吳四明（譯）（2002），Buchholz, T. G. 著。經濟學的第一堂課。台北：先覺出版社。

張沛元（譯）（2007），Webber, H. 著。市場區隔實戰指南。台北：商周出版。

許安琪、樊志育（2002）。廣告學原理。台北：揚智文化。

黃佳瑜（譯）（2001），Russel, L. A. 著。交響樂組織：互動管理：循環式組織＋內部市場經濟＋多層面組織。台北：大塊文化。

黃瓊仙（譯）（2005），鈴木博義著。超心理行銷學──提升 370 倍銷售勝率的策略戰術。台北：傑克魔豆。

趙韻毅（譯）（2007），佐藤義典著。立體行銷──行銷戰略的正統進化。台北：漫遊者文化。

聶艷梅（2006）。廣告媒介策略。載於紀華強主編，廣告策劃（頁146-173）。北京：高等教育出版社。

## 二、英文部分

American Marketing Association（2007）. *Definition of marketing*. Retrieved October 15, 2009, from http://www.marketingpower.com/AboutAMA/Pages/DefinitionofMarketing.aspx

Banach, W. J.（2001）. *The ABC complete book of school marketing*（2nd edition）. Metuchen, NJ: Scarecrow Press, Inc.

Berry, L.（1981）. The employee as customer. *Journal of retail banking, 3*, 25-28.

Biros, J.（1986）. A marketing plan for public school management. In J. J. Lane（ed.）*Marketing techniques for school district*. Reston, VA: Association of School Business Officials International.

Bolman, L. G., & Deal, E. T.（1991）. *Reframing organizations: Artistry, choice and leadership.* San Francisco, CA: Jossey-Bass Publishers.

Booms, B. H., & Bitner, M. J.（1981）. Marketing strategies and organization structures for service firms. In J. H. Donnelly, & W. R. George（Eds）. *Marketing of service*（pp.47-51）. Chicago, IL: American Marketing Association.

Brinckerhoff, P. C.（2003）. *Mission-based marketing: Positioning your not-for-profit in an increasingly competitive world*（2nd edition）. Hoboken, NJ: John Wiley & Sons.

Cahill, D. J.（1996）. *Internal marketing: Your company's next stage of growth.* New York, NY: The Haworth Press, Inc.

Cooper, P. A. and Agnello-Dean, L.（2006）. A parable: How would you treat your one last customer? In R. Hodge and L. Schachter（eds）, *The mind of the customer: how great companies like UPS, Lexus, and Nokia have reinvented the sales process to accelerate their customers' success.* New York, NY: McGraw Hill.

Drake, S. M., Gulman, M. J., Roberts, S. M.（2005）. *Light their fire: Using internal marketing to ignite employee performance and wow your customers.* Chicago, IL: Dearborn Trade Publishing.

Evans, I. G.（1995）. *Marketing for schools.* London: Cassel.

Fullan, M. G.（1991）. *The new meaning of educational change.* New York, NY: Teachers College Press.

Godin, S.（2002）. *Purple cow: Transform your business by being remarkable.* New York, NY: Do You Zoom, Inc.

Gray, L.（1991）. *Marketing Education.* Philadelphia, PA: Open University Press.

Greenacre, M. J.（1994）. Correspondence analysis and its interpretation. In Greenacre, M. J., & Blasius, J.（eds.）, *Correspondence analysis in the social sciences*（pp.141-161）. London: Academic Press.

Gronroos, C.（1981）. Internal marketing: An integral part of marketing theory. In *American marketing association services marketing conference proceedings*, 236-238.

Gronroos, C.（1984）. A service quality model and its marketing implication. *European Journal of Marketing, 18*（4）, 36-44.

Gronroos, C.（2001）. A service-orientated approach to marketing of services. *European Journal of Marketing, 12*（8）, 588-601.

Hennestad, B. W.（1998）. Empowering by de-depowering: towards an HR strategy for realizing the power of empowerment. *The international journal of human resource management, 9*（5）, 934-953.

Hart, D. R., and Willower, D. J.（1994）. Principals' organizational commitment and school environmental robustness. *Journal of educational research, 87*（3）. 174-179.

Ho, H., & Hung, C.（2007）. Marketing mix formulation for higher education: An integrated analysis employing analytic hierarchy process, cluster analysis and correspondence analysis. *International Journal of Educational Management*, 328-340.

Hodge, R. & Schachter, L.（2006）. *The mind of the customer: How great companies like UPS, Lexus, and Nokia have reinvented the sales process to accelerate their customers' success*. New York, NY: McGraw Hill.

Karant, V.I.（1989）. Supervision in the age of teacher empowerment. *Educational leadership, 46*（8）, 27-29.

Keegan, W., Moriarty, S., & Duncan, T.（1992）. *Marketing*. Englewood Cliffs, NJ: Prentice Hall.

Kim, W. C., & Mauborgne, R.（2005）. *Blue ocean strategy: How to create uncontested market space and make the competition irrelevant*. Boston,

MA: Havard Business School Publishing Corportation.

Kliminski, G. (2000). Home, school, community relations. In J. J. Lane (ed.), *Marketing techniques for school district*. Reston, VA: Association of School Business Officials International.

Kotler, P., & Fox, K. F. A. (1994). *Strategic marketing for education institutions*. Englewood Cliffs, NJ: Prentice Hall.

Kotler, P. (1986). *The principles of marketing*, 3rd edition. Englewood Cliffs, NJ: Prentice-Hall.

Kotler, P. (1999). *Kotler on marketing: How to create, win, and dominate marketing*. New York, NY: The Free Press.

Kotler, P., Jain, D., & Maesincee, S. (2002). *Marketing moves: A new approach to profits, growth and renewal*. Boston, MA: Havard Business School Press.

Lovelock, C., Vandermerwe, S., & Lewis, B. (1999). *Service marketing: A European perspective*. Harlow, Britain: Prentice Hall Inc.

Lovelock, C., & Wirtz, J. (2007). *Services marketing: People, technology, strategy*, 6th edition. NY: Prentice Hall.

McCarthy, J. E. (1960). *Basic Marketing: A managerial approach*. Homewood, IL: Richard D. Irwin.

McGregor, D. (1960). *The human side of enterprise*. New York, NY: McGraw Hill.

Ostrom A. L., Iacobucci, D., & Morgan, F. N. (2005). Services branding. In A. M. Tybout, & T. Calkins (Eds.), *Kellog on branding* (pp. 186-200). Hoboken, NJ: John Wiley & Sons.

Pardey, D. (1991). *Marketing for schools*. London: Kogan Page Limited.

Porter, M. E. (1979). How comparative forces shape strategy. *Havard Business Review, 57*(2), 137-145.

Pride, W. M., & Ferrell, O. C. (1985). *Marketing: Basic concepts and decisions*（fourth edition）. Boston: Houghton Mufflin Company.

Ries, A. & Trout, J.（2001）. *Positioning: The battle for your mind.* New York, NY: McGraw-Hill.

Roblyer, M. D.（2006）. Virtual successful: defeating the dropout problem through online school programs. *Phi Delta Kappan*, September, 31-36.

Sandhusen, R. L.（2000）. *Marketing*（third edition）. Hauppauge, NY: Barren's Educational Series, Inc.

Sarvary, M., & Elberse, A.（2005）. Market segmentation, target market selection, and positioning. In A. J. Silk（Ed.）, *What is marketing*（pp. 85-95）. Boston, MA: Harvard Business School Press.

Senge, P. M.（1994）. *The fifth discipline: The art and practice of the learning organization.* New York: Currency Doubleday.

Sernovitz, A.（2006）. *Word of mouth marketing: How smart companies get people talking.* Chicago, IL: Kaplan.

Silverman, J.（2001）. *The secret of word-of-mouth marketing: How to trigger exponential sales through runaway word of mouth.* New York, NY: Amacom.

Short, P. M. and Rinehart, I. S.（1992）. Teacher empowerment and school climate. *Education, 113*（4）, 592-597.

Stimolo, B. & Vosburgh, L.（1998）. *Marketing to schools: A textbook for the education market.* Haddam, CT: School Market Research Inst.

Sturgeon, J.（2007）. Creating an effective virtual school program. *District Administration*, March, 42-48.

Thomas, K. W., and Velthouse, B. A.（1990）. Cognitive elements of empowerment: An interpretive model of intrinsic task motivation. *Academy of Management Review, 15*（4）. 666-681.

Tillers, S.（1974）. Segmentation & strategy. In C. W. Stern, & M. S. Deimler（Eds.）, *Published in 2006, The Boston Consulting Group on strategy*（pp.139-141）. Hoboken, NJ: John Wiley & Sons.

Webber, H.（1998）. *Divide and conquer: target your customers through market segmentation.* Hoboken, NJ: John Wiley & Sons.

Winger, R., & Edelman, D.（1989）. Segment-of-One marketing. In C. W. Stern, & M. S. Deimler（Eds.）, *Published in 2006, The Boston Consulting Group on strategy*（pp.147-150）. Hoboken, NJ: John Wiley & Sons.

Witt, T. D., & Hartline, M. D.（2004）. Individual differences among service employees: The conundrum of employee recruitment, selection, and retention. In M. D. Hartline, & D. Bejou（Eds.）, *Internal relationship management: Linking human resources to marketing performance*（pp. 25-42）. New York, NY: Best Business Books.

**國家圖書館出版品預行編目資料**

學校行銷策略管理／何宣甫著.
－二版.－臺北市：五南，2010.05
面；　公分
參考書目：面
ISBN 978-957-11-5965-2（平裝）
1. 教育行政　2. 學校管理　3. 行銷策略
526　　　　　　　　　　　　99005951

1IUQ

# 學校行銷策略管理

| | |
|---|---|
| 作　　者 | 何宣甫 (52.2) |
| 發 行 人 | 楊榮川 |
| 總　　編 | 龐君豪 |
| 主　　編 | 陳念祖 |
| 責任編輯 | 李敏華　雅典編輯排版工作室 |
| 封面設計 | 童安安 |
| 出 版 者 | 五南圖書出版股份有限公司 |
| 地　　址 | 106 台北市大安區和平東路二段 339 號 4 樓 |
| 電　　話 | (02) 2705-5066　傳　　真：(02) 2706-6100 |
| 網　　址 | http://www.wunan.com.tw |
| 電子郵件 | wunan@wunan.com.tw |
| 劃撥帳號 | 01068953 |
| 戶　　名 | 五南圖書出版股份有限公司 |

台中市駐區辦公室 / 台中市中區中山路 6 號
電　　話：(04) 2223-0891　傳　　真：(04) 2223-3549
高雄市駐區辦公室 / 高雄市新興區中山一路 290 號
電　　話：(07) 2358-702　傳　　真：(07) 2350-236

法律顧問　元貞聯合法律事務所　張澤平律師

出版日期　2009 年 11 月初版一刷
　　　　　2010 年 5 月二版一刷

定　　價　新臺幣 350 元